NEY
MATOGROSSO
VIRA-LATA DE
RAÇA

Ramon Nunes Mello
pesquisa, interlocução
e organização

TORDSILHAS

Em fotografia de Thereza Eugênia, no início da carreira nos anos 1970.

VIRA-LATA DE RAÇA
de RITA LEE & BETO LEE

Eu sou só um bicho carente de carinho
Uma criança problema no meio de um dilema
Ou choro sozinho num canto na hora do espanto
Ou banco o palhaço e faço estardalhaço

No fundo, no fundo, no fundo sou um vagabundo
Um vira-lata de raça, raposa no dia de caça
Eu quebro o protocolo, me atiro no seu colo
Eu salvo sua vida quando você se suicida

Minha dor não dói, sou marginal, sou herói

Eu sou Marlon Brando, vivo numa ilha
Não faço papel de santo nem pra minha família
Não posso ser outra coisa se não James Dean
Eu sempre fui mais bonzinho quando sou ruim

Minha dor não dói, sou marginal, sou herói

11
**O FAUNO
CANTANTE**

16
**SANGUE
LATINO**

45
**VEREDA
TROPICAL**

63
DELÍRIO

93
**INCLASSI-
FICÁVEIS**

133
**PRO DIA
NASCER FELIZ**

145
BALADA DO LOUCO

156
ASTRONAUTA LÍRICO

171
TUPI FUSÃO

186
ATÉ O FIM

224 ÍNDICE ONOMÁSTICO
228 CADERNO DE ANEXOS
252 DISCOGRAFIA
277 BIBLIOGRAFIA E FONTES CONSULTADAS
282 CRÉDITO DAS IMAGENS
286 AGRADECIMENTOS

"**NEY MATOGROSSO NÃO É HUMANO.** Quero dizer, Ney Matogrosso é humaníssimo sim. Não, nada disso. **NEY MATOGROSSO** é um anjo encarnado, como aqueles de Wim Wenders.

Ney foi o anjo enviado por Deus para que o brasileiro compreenda melhor sua louca identidade de homem-mulher unidos num só: pássaro e tigre, cobra e borboleta, miséria e esplendor. Muito além do bustiê, Ney Matogrosso parece uma tese de mestrado ao vivo sobre a ambiguidade deste país. Tê-lo entre nós nos deixa mais nítidos e felizes também, pois a clareza dele é bela e como ele é nós, épico e arquetípico, nos tornamos belos através dele e muito mais livres e muito mais nobres."

CAIO FERNANDO ABREU

O FAUNO CANTANTE

A ideia deste livro surgiu a partir do convite que fiz a Ney Matogrosso ao perceber seu desejo de olhar para o seu próprio percurso, perguntando-se havia coerência no que disse ao longo de sua carreira, dentro e fora dos palcos. Seria Ney capaz de reconhecer-se nas palavras deixadas pelo caminho ao longo das décadas? O que falar quer dizer?

Na fascinante trajetória de Ney Matogrosso, que ainda está sendo percorrida em toda sua potência e plenitude, pretendi captar o *puctum*, ou seja, os detalhes, os traços que mais interessam e encantam em sua vida caleidoscópica. Outra característica relevante, além da relação afetiva que se estabelece entre quem escreve e quem é o foco do que está sendo escrito, se estabelece entre o texto e o seu futuro leitor.

O título deste livro – escolhido pelo próprio cantor como um de seus melhores retratos – foi retirado da canção "Vira-lata de raça", de

No camarim do show *Feitiço*,
Teatro Alaska, Rio de Janeiro, em 1978.

Rita Lee e seu filho Beto. Entre tantas canções imortalizadas na voz de Ney, esta letra de música apresenta uma apropriada metáfora para este cão de plumas e paetês chamado Ney Matogrosso – marginal, bandido, vagabundo e herói –, que se metamorfoseia em seres híbridos e fantásticos para, assim, conquistar o lirismo, a libido e o desejo com seu canto agudo. Não à toa, ao longo de sua carreira, a figura do cão reaparece em "Cachorro vira-lata" (em seus álbuns *Seu Tipo* e *Vinte e Cinco*), "A balada do cachorro louco" (em *Vivo*) e "Vira-lata de raça" (em *Vivo* e *Olhos de Farol*) como uma espécie de símbolo da fidelidade ao seu mais caro valor: liberdade.

Detenho-me aqui ao papel de organizador das palavras de Ney – e não de autor –, um interlocutor em busca de um diálogo sobre o agora. Conheci Ney Matogrosso em 2011, em um painel sobre o Secos & Molhados, no Rio de Janeiro. Ali começou a brotar a vontade de fazer este livro, mas faltava-me coragem. Em silêncio, passei a investigar mais sobre sua vida artística com atenção, anotando detalhes que me impressionavam. Com o passar do tempo, após ficarmos amigos e, assim, conhecer o Ney de Souza Pereira, lhe falei sobre a vontade de fazer um livro que abordasse suas ideias e caminhos, com o seu aval – mais que isso, com sua participação de forma direta. E, para minha surpresa, após hesitar por alguns minutos, ele aceitou.

Em princípio, Ney tinha a ideia de que no livro deveria constar apenas a reprodução de matérias sobre sua carreira, além de críticas a seus discos e shows. Logo compreendemos que não era dessa forma que gostaríamos de contar sua história, pois faltaria uma reflexão sobre seu passado e o calor de sua voz no momento presente. Descartada essa possibilidade, foi se desenhando a gestação dessas memórias, um longo depoimento em primeira pessoa entremeado de fotografias de diferentes épocas. Após mergulhar na intensa pesquisa, elenquei os assuntos pertinentes ao depoimento e iniciamos os registros das conversas no decorrer de um ano, na sala de estar de seu apartamento no Leblon, testemunhado por suas bichanas, a macaca Garota e a gata Pretinha. Um mergulho em palavras, ideias e ações (que reverberam mais de quatro décadas de carreira) para formatar um texto que guarda em si a confissão e a reflexão sobre o caminho que ainda se percorre cheio de vigor, tesão e vitalidade. Consultamos textos relevantes sobre a carreira do artista, produzidos por pensadores da música brasileira – como, por exemplo, ensaios do pesquisador e produtor Rodrigo Faour (com preciosas análises sobre cada disco e show das caixas *Camaleão* e *Metamorfoses*), do crítico Mauro Ferreira (com suas críticas detalhistas sobre cada show ou álbum) e do escritor e jornalista Nelson Motta (que em 1975 captou a importância do hibridismo de Ney na MPB, como a beleza de seu canto), além de inúmeros artigos e entrevistas disponíveis publicados nos principais jornais, revistas e sites do país que acompanham a trajetória deste fauno cantante.

Dentre as conversas realizadas com Ney, algumas delas gravadas, com a finalidade de atualizarmos seu discurso com o frescor do agora, compreendermos fluxos cronológicos e promovermos uma reflexão sobre o tempo, Ney afirma que: "Ainda hoje eu falo as mesmas histórias e defendo os mesmos ideais há décadas. Sabe por quê? Por que o mundo é muito careta, então qualquer coisa que eu diga provoca polêmica". O que se pode perceber, no recorrente pensamento, é o sentido de coerência e respeito a sua memória, e consciência de suas ideias, sem censura sobre quaisquer assuntos. O mais surpreendente nas palavras de Ney Matogrosso, dos anos 1970 até hoje, é que elas obedecem ao preceito da transgressão e do combate à hipocrisia e ao preconceito. Todo o discurso de Ney é baseado nessas premissas, sempre ancorado no presente, desapegado do passado, com seus olhos de farol firmes no futuro.

Sendo eu um poeta, não um biógrafo e muito menos crítico de música brasileira, optei por elaborar este livro a partir do conceito de biografema*, forjado por Roland Barthes, cuja intenção biografe-

---
* "O biografema, segundo Barthes, nunca é uma verdade objetiva: 'O biografema nada mais é do que anamnese factícia: a que eu empresto ao autor que amo'. A biografemática – 'ciência do biografema – teria como objeto pormenores isolados, que comporiam uma biografia descontínua; essa 'biografia'

mática é atentar-se para o detalhe e a potência daquilo que é ínfimo e impreciso numa vida, não somente a pretensa precisão das grandes linhas historiográficas de uma trajetória. Começamos a investigar fotos de passagens marcantes de sua vida, a pesquisar notícias de jornais, a conversar sobre temas relevantes em suas declarações públicas e a registrar confidências de memórias afetivas.

Ney Matogrosso navega em diferentes dimensões de tempo e espaço, por isso cria novas realidades. Busco o homem e o artista, muito além do clichê da representação da liberdade sexual, o "astronauta lírico"* – aquele da letra de Vitor Ramil –, ser cheio de luz que nos leva com seu canto a sobrevoar a via-láctea, o espaço sideral, em busca de uma supernova sempre em conexão com o tempo-arte sincrônico da natureza.

Acompanhar a trajetória de Ney Matogrosso, diante de suas reminiscentes e fragmentadas memórias, é compreender o Brasil de ontem-hoje como a peça de um quebra-cabeça que se completa aos poucos. Em 1973, despontava na cena artística brasileira a banda Secos & Molhados; do trio, Ney, o vocalista, era o que mais destoava dos padrões artísticos de uma banda masculina. Com seu jeito irreverente, o figurino transgressor e a voz aguda chamavam a atenção de adultos e crianças.

Toda essa manifestação artística poderia ter passado despercebida, caso não fosse levado em consideração o delicado momento político por que atravessava nosso país. De início, o regime militar, instaurado em 1964 (e que perduraria até meados da década de 1980), foi seguido

---

diferiria da biografia-destino, onde tudo se liga, fazendo sentido. O biografema é o detalhe insignificante, fosco; a narrativa e a personagem no grau zero, meras virtualidades de significação. Por seu aspecto sensual, o biografema convida o leitor a fantasmar; a compor, com esses fragmentos, um outro texto que é, ao mesmo tempo, do autor amado e dele mesmo – leitor." PERRONE-MOISÉS, Leyla. *Barthes: o saber com sabor*. Brasiliense: São Paulo, 1983, p. 15

* "Vou viajar contigo essa noite / Conhecer a cidade magnífica / Velha cidade supernova / Vagando no teu passo sideral // Quero alcançar a cúpula mais alta / Avistar da torre a via-láctea / Sumir ao negro das colunas / Resplandecer em lâmpadas de gás // Eu, astronauta lírico em terra / Indo a teu lado, leve, pensativo / A lua que ao te ver parece grata / Me aceita com a forma de um sorriso // Eu, astronauta lírico em terra / Indo a teu lado, leve, pensativo // Quero perder o medo da poesia / Encontrar a métrica e a lágrima / Onde os caminhos se bifurcam / Flanando na miragem de um jardim // Quero sentir o vento das esquinas / Circulando a calma do meu íntimo / Entre a poeira das palavras / Subir na tua voz em espiral". In: "Astronauta lírico", Vitor Ramil (2009)

pela imposição do AI-5 (poucos anos antes da constituição da banda), ato que cerceou alguns direitos civis, e principalmente direcionou suas forças de repressão e censura aos setores ligados à cultura em geral, entrando no meio do caminho, portanto, do momento de efervescência político-cultural do país dos anos 1960. Ainda nesse período, e recebendo as influências do movimento da contracultura mundial nascido nos anos 1960 e mais fortemente manifestado no ano emblemático de 1968, surgia no Brasil o Movimento Tropicalista, que transgredia também alguns valores morais reforçados pelo regime militar, vindo, posteriormente, a inspirar o cantor Ney Matogrosso.

Relembrando, assim, momentos marcantes de sua trajetória, em meio a toda essa efervescência político-sociocultural, ao despontar no cenário nacional com a banda Secos & Molhados, Ney Matogrosso desenrola o fio condutor de suas histórias ressaltando a importância de sua formação familiar – principalmente a relação conturbada com a autoridade do seu pai; os lugares onde viveu pelo país (Bela Vista e Campo Grande – MS; Salvador – BA; Recife – PE; Brasília – DF; São Paulo – SP; Rio de Janeiro – RJ); a forte conexão espiritual com a natureza; a experiência com as drogas e as plantas expansoras de consciência como ferramenta de integração com o sagrado e o divino; a certeza e o desejo de ser um artista realizado; a formação intelectual e artística atravessada pelo teatro, pela música e pelas artes visuais; o combate à censura e a transgressão estética; a liberdade para lidar com sua sexualidade, suas paixões e amores; a firmeza para lidar com as perdas da vida; e a leveza para lidar com o passar do tempo e se reinventar.

Percorrer os espaços com suas palavras, seja no discurso ou no canto, é entender que Ney Matogrosso é a personificação do agora, por isso tão atual e necessário. Este livro é uma tentativa de captar um pouco de sua múltipla personalidade artística, com desdobramentos infinitos.

RAMON NUNES MELLO

1
SANGUE
LATINO

Lembrança de infância:
aos 7 anos, fantasiado de pirata
no carnaval do Rio de Janeiro.

EIS QUE ESSE ANJO ME DISSE
APERTANDO MINHA MÃO
COM UM SORRISO ENTRE DENTES
VAI, BICHO, DESAFINAR
O CORO DOS CONTENTES

TORQUATO NETO
LET'S PLAY THAT (1972)

Sempre reagi ao autoritarismo, dentro e fora do círculo familiar. Eu não tinha a inocência das crianças e entendia tudo do mundo adulto, as conversas debaixo dos panos. Não me esqueço da surra que tomei do meu pai, quando ele simplesmente se irritou e resolveu me bater com a intenção de que eu chorasse. Outra vez, sem nenhum motivo, ele me deixou de castigo, completamente nu, no meio do jardim de casa. Envergonhado, eu cobria minha nudez com a areia. Eu era uma criança indefesa, mas fui criando uma força interna e repetindo a mim que não deveria chorar. Não chorava, só de raiva, para contrariar a autoridade dele. Desafiava o meu pai de todas as formas possíveis. A maior autoridade que enfrentei na minha vida foi Antonio Matogrosso Pereira.

Levei a vida de peito aberto frente aos desafios por esse motivo: um pai militar, conservador, cabeça-dura, e que tinha pavor a qualquer possibilidade de manifestação artística que eu pudesse desenvolver. Ele me reprimia e discriminava. Certa vez, sem que eu soubesse o que a expressão significava, me chamou de "viadinho". A segunda vez que ele tentou me ofender, respondi: "Não sou 'viado', mas quando for o Brasil inteiro vai saber!" Olhei bem no fundo dos olhos dele para rogar essa praga – ou seria profecia? Pelo visto ela se realizou, acabei me tornando Ney Matogrosso.

O sobrenome Matogrosso é do meu pai, que resolvi adotar para compor meu nome artístico quando estava prestes a estrear com o Secos &

Molhados, no início dos anos 1970, em São Paulo. Fui batizado como Ney de Souza Pereira em 1º de agosto de 1941. O sobrenome Matogrosso, na verdade, foi criado pelo meu avô paterno, Fausto. No casamento dele com a minha avó, Elisabeth, a vida da família passou a prosperar, então ele resolveu adotar esse sobrenome, que meu pai registrou nas filhas. Os filhos só ficaram com o Pereira. Foi meu querido amigo Paulinho Mendonça – compositor de "Sangue latino", um dos maiores sucessos do Secos & Molhados – que fez eu me atentar para o sobrenome Matogrosso, ao perguntar o nome do meu pai. Até então, quando trabalhava como ator de teatro, eu usava somente Ney. A decisão de adotar o Matogrosso como meu nome artístico foi uma tentativa simbólica de resgatar algo que me foi negado pelo meu pai, uma escolha forte e consciente que evocou não somente meus familiares, mas também a Região Centro-Oeste do Brasil, de onde eu vim, Bela Vista, uma pequena cidade no Mato Grosso do Sul*, na fronteira com o Paraguai.

Ainda criança, eu dizia que ia ser cantor, só abandonei esse desejo porque os meninos implicavam comigo pelo fato de minha voz ser muito aguda. Sofri por muito tempo essa violência psicológica que hoje chamamos de *bullying*. Passei a pensar que eu tinha um defeito na voz, fui escondendo meu desejo de ser cantor. Ao contrário dos meus irmãos, sempre demonstrei interesse pelas artes, em especial para o canto, o teatro e a pintura. Sou o segundo de cinco filhos de uma família de classe média. Tenho um irmão mais velho, que se chama Gay, e outro menor, um ano mais novo que eu, que se chamava Grey, já falecido. E alguns anos depois, vieram duas meninas: Naira e Cinara. Eu era o "filho da mãe", Beíta, enquanto meu irmão mais velho e o mais novo eram os "filhos do pai", assim como minhas irmãs. Ele se referia a mim através da minha mãe, como "teu filho".

Minha relação com meu pai foi muito conturbada desde a infância, não somente a partir da adolescência: eu odiava o meu pai, meu pai

---

* Em outubro de 2017 foram comemorados quarenta anos da divisão de Mato Grosso em dois estados. Nesse dia, em 1977, o presidente Ernesto Geisel assinou a Lei Complementar nº 31, dividindo Mato Grosso e criando o estado de Mato Grosso do Sul. A data virou marco de independência da região sul em relação à capital, Cuiabá. Enquanto alguns ainda condenam as forças divisionistas, outros argumentam que a divisão serviu para impulsionar o desenvolvimento em ambos os estados.

Meu pai, Antonio Matogrosso Pereira, militar da Aeronáutica, em 1950.

me odiava. Desenvolvi um ódio muito grande por ele, desejava que morresse: "Que esse filho da puta morra!" Verdadeiramente, eu pensava assim e não sentia remorso ou culpa, pois era sentimento natural em mim. Só curamos a relação bem mais tarde, quando eu já estava vivendo minha vida de forma independente.

Minha mãe conta que nasci prematuro de oito meses e pesando 1,5 kg, logo depois de ela sofrer uma queda e bater com a barriga no chão. Nascido pelas mãos de uma parteira, fui enrolado num pequeno pedaço de pano de algodão e colocado numa caixa de sapatos para ficar protegido, em seguida entregue a minha mãe. Tive icterícia nos primeiros dias de vida, era um bebê com a pele amarelada, demorei para ganhar peso, o que preocupou minha mãe. Ela sempre enfrentou as arbitrariedades do meu pai, embora houvesse submissão de uma mulher que casou muito cedo numa relação de cultura machista. Compreensível, ela teve o primeiro filho aos 15 anos e dependia financeiramente do marido.

Sempre tive um comportamento fora da curva; ainda criança, adorava passear no cemitério sem ninguém me perturbar, sozinho. Fui educado em contato com a fauna e a flora, criei coruja que dormia debaixo do travesseiro, e passarinhos soltos dentro de casa. Gostava mesmo era de passar horas seguidas no mato, acompanhado dos meus bichos, algo que preservo até hoje quando vou para minha fazenda, no interior do Rio de Janeiro. Minha infância e adolescência foram marcadas pela solidão, em parte por vontade própria: não me conformava com os preconceitos e incoerências que enxergava no universo dos adultos.

Na escola minha reação contra o autoritarismo não era diferente, por vezes se tornava agressiva. Aos 7 anos, ao receber uma reguada de uma professora maluca, me defendi imediatamente jogando a carteira de ferro em cima dela. Fui suspenso, é claro. Era tido como uma criança rebelde, por ficar sempre ao lado dos alunos mais fracos e marginalizados. Lembro de um casal de irmãos japoneses, discriminados pela nacionalidade, e de um menino afeminado, perseguido pelos colegas. Revoltado contra aquela discriminação, fazia questão de ser amigo daquelas pessoas.

Desde muito cedo saquei que sexo era uma questão, todos achavam nojento, mas faziam escondido. Sexo era um tabu na minha casa, em minhas relações familiares. Até que, quando completei 11 anos, meu irmão mais velho me ensinou que existia a punheta. A sensação que senti ao gozar pela primeira vez foi de puro êxtase, parecia que eu ia desmaiar de prazer com aquela fraqueza nas pernas. Passei um ano inteiro na punheta, exercitando diariamente o que havia aprendido, conhecendo o meu corpo com prazer. Os adultos diziam que quem se masturbava ficava tuberculoso e o cabelo crescia na mão; adoram colocar culpa e medo nas crianças. Mas eu não ligava para essas ameaças, sabia que eram uma bobagem.

Naquela época, um padre me perguntou se eu "fazia saliências" com meninas. Uma criança, incrédulo com a situação, respondi que não. Ele perguntou, então, se eu "fazia saliências" com os meninos. Aquele episódio me marcou profundamente. Foi assim, através da Igreja, que descobri que os meninos também eram uma possibilidade para exercitar a sexualidade.

Minha família morou, além de Mato Grosso, na Bahia, em Pernambuco e no Rio de Janeiro, pois meu pai era militar e se mudava constantemente – o motivo de ter me fechado no meu mundinho, sem interesse de estabelecer laços de amizade. Assim acabei me tornando uma pessoa desapegada, desgarrada de tudo, capaz de preservar o silêncio e a solidão, sabendo valorizar a quietude do meu cantinho para criar novos universos.

Durante o período em que meu pai esteve servindo na Segunda Guerra Mundial, em 1943, minha família precisou morar no Nordeste, em Salvador e depois no Recife. A minha primeira lembrança de Salvador é uma casa na praia, onde no fundo do quintal havia um quartel, uma leiteria e um terreiro de candomblé. Tenho forte na memória de infância uma imagem minha, aos 3 anos, montado em cima de jabutis gigantescos no areal da praia, passeando, fazendo os bichos de velocípedes. Era impressionante a inteligência daqueles animais enormes. Certa vez fugi de casa, minha família ficou em pânico, pensando que o mar tinha me levado. Desapareci por horas, deixei todos desesperados. Minha mãe cogitou chamar a polícia, mas me encontraram no terreiro de candomblé do vizinho, escondido no canto do templo, assistindo aqueles ritos coloridos e cheios de ritmos.

Quando acabou a guerra saímos da Bahia e fomos morar no Recife, numa rua chamada Jenipapeiro, com uma ladeira repleta de jenipapos. A lembrança do cheiro da fruta é muito forte, ficou ligada à fase daquela infância. Outro episódio daquela época que me marcou muito: no quintal de nossa casa, ouvi um homem me chamando e fui atender. Ao chegar no portão de grades, as empregadas gritavam para que eu voltasse, pois corria perigo com o "papa-figo", um homem que, segundo elas, precisava tomar banho com o sangue das crianças para curar uma doença. O "figo" a que se referiam era o "fígado", um homem que "papava o fígado" de crianças. Apesar do medo, eu achava graça daquela história fantasiosa que povoava meu universo infantil. De cada lugar em que vivia, carregava um pouquinho da história e construía, aos poucos, meu imaginário e meus sonhos.

Quando completei 6 anos minha família se mudou para o Rio de Janeiro, fomos morar em Marechal Hermes, perto do Campo dos Afonsos. Logo em seguida, mudamos para o bairro Padre Miguel, antes chamado Moça Bonita, próximo à favela Vila-Vintém, onde havia grandes fazendas abandonadas com muitas árvores frutíferas. Eu vivia solto nesse Rio de Janeiro rural, me embrenhava no mato e ficava até o fim do dia. E assim desenvolvi com mais profundidade minha relação de amor com a natureza e de respeito ao sagrado.

Foi nessa época que cantei pela primeira vez, num show de calouros do parque de diversões que havia perto de minha casa, no subúrbio.

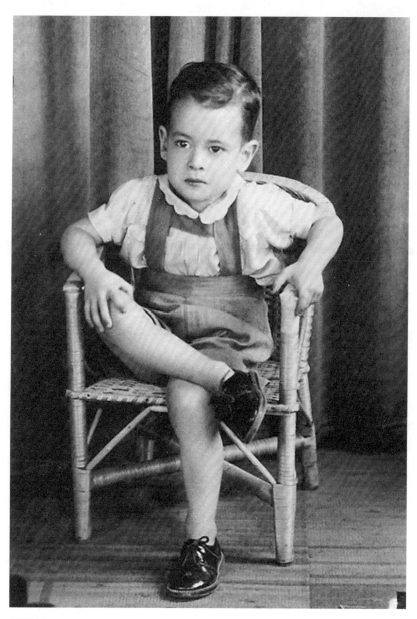
Aos 3 anos, na Bahia, posando para retrato da família.

Com a minha mãe, Beíta de Souza Pereira.

Minha mãe, em frente à casa da minha família, em Padre Miguel, no Rio de Janeiro, na década de 1950.

Cantava e ganhava como recompensa vidros de perfumes e maços de cigarros. Também foi a primeira vez que me censuraram. Ao dançar nos bastidores do show de calouros, enquanto alguém cantava no palco, fui duramente reprimido pelo apresentador do programa. Fiquei chocado com a brutalidade da repressão, não sabia que a dança ofendia a masculinidade de uma criança. Esse episódio foi tão marcante que a dança só foi retornar na minha vida décadas depois, aos 31 anos, através do envolvimento com o Secos & Molhados.

Toda minha infância foi muito musical, artística. Quando criança, eu dizia que queria ser cantor porque ouvia muito rádio, a televisão da época. Obviamente naquele período não planejava ser cantor profissional – presente do destino que abracei com todas as minhas forças. Nas estações de rádio, ouvia músicas do mundo inteiro: francesa, portuguesa, espanhola e argentina... Queria mesmo era enriquecer meu repertório. Ouvia os cantores de rádio na voz de minha mãe, que cantava o dia inteiro pelos cômodos da casa. Sem dúvida, ela foi a primeira influência artística da minha vida. Eu adorava ouvi-la cantar, ficava prestando atenção na emoção com que se expressava através das canções. Em meio a tudo isso, havia um pai militar que gostava de ouvir discos de vinil. Acredito que só o fato de ser filho de militar já me fez transgressor. Meu pai não me deixava mexer na vitrola, com receio que eu quebrasse os discos. Ele passava o final de semana inteiro ouvindo Nelson Gonçalves, Orlando Silva, Francisco Alves, Angela Maria, Dalva de Oliveira e Carmen Miranda, entre outros cantores, na vitrola de 78 rotações. Eu gostava mais de ouvir as mulheres, ficava enlouquecido com Carmen Miranda, por conta de seu canto, além daqueles figurinos coloridos e alegres e da performance exuberante – que me fascinou quando assisti no cinema.

Por uma única vez minha mãe me levou até a Rádio Nacional, no Centro do Rio, para assistir aos programas de auditório. Fiquei muito impressionado. Inesquecível. Foi assim que conheci uma mulher, artista, que me marcou profundamente: Elvira Pagã. Fiquei pirado com aquela figura que parecia ter saído da mata. Uma mulher sensual, de corpo nu, em peles de onça. Penso que acabei reproduzindo essa imagem ao longo da minha carreira, aprendi a sensualidade dela e levei a composição para o palco. Ela liberou meu corpo, me conectou a um lugar instintivo e animal. Elvira Pagã foi uma artista com o canto e o corpo livres. Consegui me reconectar com um lado exótico e sensual, e ao mesmo tempo reconhecer os símbolos da floresta que existem na minha ancestralidade. Elvira Pagã era uma sacerdotisa de uma seita ligada a extraterrestres.

A presença das artes visuais também foi marcante, desde a infância eu passava horas trancado em casa, desenhando e pintando. A pintura foi a primeira manifestação artística que brotou em mim; sempre desenhei muito bem, passava dias desenhando e pintando, enquanto as outras crianças ficavam brincando. Quando expressei ao pai meu desejo de estudar desenho e pintura, ele foi categórico: "Não quero filho artista! Filho meu jamais será artista!" Assim começou nosso conflito familiar. Sempre soube que eu era artista, mas vivia esse conflito com um pai que não queria saber de filho artista – na cabeça dele era sinônimo de ser viado.

Eu não ligava para o que ele pensava, continuava desenhando e fazendo teatro escondido. Depois, já adolescente, fui argumentar com meu pai que o pensamento conservador não tinha cabimento, mas o conflito entre nós crescia proporcionalmente ao meu interesse pelas artes. Eu tinha necessidade de pintar, adorava desenhar corpos humanos. Esse amor pela pintura me levou a fazer iluminação, com certeza o interesse pela luz vem dessa minha vocação primeira. Uma tia, que era funcionária pública, comovida com minha dedicação, resolveu me dar de presente uma resma de papel e material para pintura. Quando não tinha papel, desenhava até no papel de pão: rostos retorcidos e máscaras, uma pintura estranhíssima. Passava horas viajando com meus desenhos, feliz, brincando de colorir, como se quisesse colorir a vida ao meu redor. Também levei minha relação com a pintura para a maquiagem do Secos & Molhados. E, de certa maneira, o desenho também estava presente no meu artesanato, com os objetos que eu criava, de forma intuitiva, para vender. Ao começar a cantar profissionalmente passei a não desenhar mais, canalizei toda minha energia criativa para o palco, mas nunca abandonei esse garoto desenhista, pintor, o artista que desejei ser.

Elvira Olivieri Cozzolino, a Elvira Pagã,
primeira artista a me provocar alumbramento.

Aos 13 anos, uma professora careta arrancou o caderno de minhas mãos porque desenhei na capa uma mulher nua deitada. Fui levado à diretoria, a professora dizia que não admitia imoralidade na aula dela. Imagine, era apenas um desenho, arte, mas a cabeça doente da professora enxergava imoralidade, pornografia. Fiquei um ano sem falar com ela, com raiva. Até que tivemos um encontro no trem. Como ela estava grávida, cedi o lugar para que pudesse sentar, pois percebi que ela havia se arrependido. Então, resolvi perdoá-la. A censura na minha vida, desde cedo, esteve relacionada à sexualidade, essa velha hipocrisia que está engendrada em nossa sociedade.

Por sorte, tive outras professoras que estimulavam minhas vocações artísticas, como o gosto pelo cinema. Ao chegar ao Rio de Janeiro, fui assistir *Tarzan* no cinema, até que começou um incêndio na floresta numa das cenas do filme. Fiquei horrorizado e saí correndo. Só muito mais tarde fui perder o medo ao frequentar as sessões de cinema. Cresci assistindo aos filmes de Grande Otelo e Oscarito. Além disso, tive a sorte de conhecer um porteiro que permitia que eu e uns amigos assistissem sessões de filmes proibidos. Matávamos as aulas para ir ao cinema! Ficava completamente hipnotizado pela tela gigante, destinando toda a minha atenção aos artistas. Era um verdadeiro sonho. Guardo a nítida lembrança de uma atriz francesa chamada Martine Carol, estrela da época, que fez filmes como *Vanina Vanini, A dez segundos do inferno, Esta noite é minha...* Os artistas me impressionavam. Silvana Pampanini, Sophia Loren, Marlon Brando, James Dean, Elvis Presley... faziam minha cabeça. Não à toa, na adolescência, adotei um topete à la Elvis como forma de mostrar minha rebeldia para a cidade careta e provinciana onde eu vivia.

Com o teatro e o cinema alimentei meu desejo de ser ator. Lembro da minha vizinha Dona Chiquita, que, escondido do meu pai, criava com papel crepom meus figurinos para as apresentações de teatro na escola. Minha mãe sabia de minhas artimanhas, meus irmãos também, mas meu pai não, se ele descobrisse não me deixaria nem frequentar a escola e ainda me daria uma surra.

Em meio a todo cerceamento de vida, tive a alegria do encontro com professoras que me estimulavam para as artes e para a leitura.

O prazer com literatura, por exemplo, foi instigado na escola através dos personagens do Monteiro Lobato. A cada leitura de um novo livro, eu tomava gosto pela literatura. Assim passei a abrir mão de sair para ficar em casa lendo um bom livro. Amo ler. Mas tive dificuldade com a poética, só fui me aproximar da poesia com o Secos & Molhados, pois estávamos trabalhando um som pop com poemas famosos: "Rosa de Hiroshima", de Vinícius de Moraes, "Prece cósmica", de Cassiano Ricardo, "Rondó do capitão" de Manuel Bandeira, "Não, não digas nada", de Fernando Pessoa. Sem falar em outras canções que são pura poesia, como "Sangue latino", capaz de invocar a força do nosso sangue contra o que nos é imposto pela América do Norte, um hino de resistência.

Por conta dessa aproximação com diferentes manifestações artísticas, me vejo muito mais artista do que cantor. Sempre tive uma preocupação muito grande com a forma, tanto que sempre criei cenários, figurinos, expressão corporal. Penso que a maneira como as pessoas me enxergam no palco é uma forma de desenho, pois decido com muita clareza o que será visto no palco. Minha preocupação com a estética está intimamente relacionada com minha paixão pelas artes, por isso considero esse primeiro momento no Rio de Janeiro, que durou até eu completar 13 anos, como fundamental na minha formação artística.

Quando voltei com minha família para o Mato Grosso, aos 14 anos, passei a ter um contato ainda mais intenso com a natureza. Logo no primeiro dia na nova casa, numa pequena vila construída na beira da mata, me deparei com uma jaguatirica no quintal: em vez de fugir tentei pegar o bicho, mas quando me aproximei ele saltou para o terreno do vizinho. Eu vivia uma verdadeira aventura no quintal da minha casa, sempre cercado de árvores e bichos.

Meu bisavô, pai do meu avô materno, era muito rico, veio da Argentina para o Brasil por conta de problemas políticos, acompanhado de minha bisavó. Guardo na memória a imagem dela muito velhinha, andando pelo quintal, espantando as galinhas com um chicote. A lendária figura do meu bisavô, respeitado e temido, marcou a minha vida. Quando eles morreram, dividiu-se tudo entre todos os filhos, e assim meu avô herdou a fazenda onde passei minha infância. Sou neto de avô argentino e avó paraguaia, Tancha e Elisa. Com meus antepassados vieram muitos empregados que moravam numa localidade próxima à fazenda, cuidando do gado e da roça. Vivenciei muitas festas na fazenda, lembro do meu avô no meio de toda gente, tocando violão e cantando músicas em guarani. Era uma grande celebração, bebia-se muito álcool, todos viravam a noite tocando violão, e eu ficava um tempo no meio da cantoria – até que enchia o meu saco e ia dormir.

Foi um período muito feliz, andávamos a cavalo em meio a uma floresta cheia de bichos, tomávamos banho no açude cheio de jacarés. Passava o dia todo subindo em árvores e tomando banho de cachoeira, como faço até hoje na minha fazenda. O Mato Grosso mexeu de maneira muito intensa com a minha imaginação. Lembro que contavam muitas histórias de lobisomem, eu ficava impressionado e não conseguia dormir depois de ouvir aquelas narrativas assustadoras. Aprendi a fumar nessa época, ainda pivete, porque meu irmão dizia que se eu acendesse um cigarro os morcegos iriam embora. Como morria de medo dos morcegos entrarem dentro de casa, resolvi aprender a fumar para espantá-los.

Em meio à natureza me sinto verdadeiramente em casa, tenho profundo respeito pela fauna e flora. Quando fui convidado a participar de uma caçada na mata com meus tios e amigos na fazenda do meu avô, compreendi a crueldade do que o homem é capaz. Um bando de macacos passou perto de nós, os homens viraram seres irracionais e começaram a atirar nos bichos, simplesmente para treinar pontaria. Vi uma macaca fêmea agitando os braços, como se dissesse: "Não façam isso!" Os homens não se importaram, atiraram sem parar na família de macacos. Mataram as mães, os filhotes caíram no chão. Depois ainda atiraram nos filhotes. Fiquei horrorizado. Foi como se algo se revelasse para que eu aprendesse a defender a natureza e os animais, a ecologia se manifestou forte dentro do meu ser. Se tivesse de escolher entre o bem-estar do planeta e o da humanidade, ficaria com o bem-estar do planeta.

A convivência com meus avós marcou muito minha vida, eles influenciaram profundamente minha trajetória através da convivência com a natureza e a cultura e o povo da América Latina, na fronteira do Brasil. Sou um rapaz latino-americano, mas me considero antes de tudo um brasileiro. Sempre tive muita consciência da latinidade do brasileiro, de que nós pertencemos à América Latina. Não por acaso, canto diversas músicas que tratam diretamente da questão latina, primeiro de forma inconsciente e depois de forma muito consciente e intencional ao longo de minha trajetória. Levei um tempo para compreender essa influência do Mato Grosso na minha vida, até que nos anos 1990 fui fazer um show em Corumbá que reunia arte da América Latina e senti o pertencimento ao meu lugar de origem, como se um relâmpago entrasse por minha cabeça abrindo caminho para essa compreensão. Ao cantar nesse festival de artes latino-americanas, na cidade que compôs o imaginário de minha infância, me senti representando o Brasil e ressignifiquei minha história. Recentemente, ao responder a uma pergunta do Milton Nascimento sobre minha relação com o Mato Grosso, tive a clareza de que sempre cantei em espanhol porque carrego a presença da minha terra de origem muito forte dentro de mim. Cresci ouvindo falar guarani e castelhano, então ao começar minha trajetória musical decidi buscar essa perspectiva de fronteira.

Fui um adolescente muito tímido, introspectivo, fazia de tudo para que não fosse percebido por ninguém. De forma consciente fui me fechando, não queria que soubessem quem eu era, e muito menos o que gostaria de ser. Quando entrei no ginásio não quis fazer amizade com ninguém: já estava cansado de chegar numa cidade, fazer amigos no colégio, e meu pai ir embora, me arrastar, e eu perder todos os meus amigos. Me fechei na minha solidão, nas questões existenciais. Foi quando neguei tudo, todas as manifestações artísticas, uma fase de grande crise da minha vida.

Eu não queria morar em Campo Grande de maneira nenhuma, pois não acontecia absolutamente nada naquela cidade nos anos 1950, era tudo provinciano. O máximo de ousadia que a cidade se permitia era uma sessão de cinema, à meia-noite, todo mês, de um filme pornô.

Fui, uma única vez, e depois não quis voltar às sessões. Os homens todos da cidade iam, mas eu nem consegui ficar excitado com aquela situação estranha e constrangedora.

Nessa época o meu irmão mais velho me levou para transar com uma prostituta. Foi uma experiência horrível, mecânica, completamente sem graça. O que considero a minha primeira experiência sexual, de verdade, ocorreu dentro da fazenda do meu avô, com uma das primas distantes de minha mãe. Uma delas, de 17 anos, ficava se insinuando para mim, que estava com 13 anos. Não perdi tempo. À noite, ia escondido para o quarto dela e fingia que dormia. A família falava: "É uma criança, deixa ele..." Eu ficava lá, fingindo que dormia, e quando ela deitava rolava uma transa gostosa. A cena se repetia por alguns dias, da mesma maneira: eu me deitava na cama de minha prima, fingia que estava dormindo e rolava a transa. Era um código entre nós, cheios de hormônios. Minhas experiências sexuais na adolescência foram bem esporádicas, eu não sentia necessidade de transar. E como eu não namorava, não tinha com quem transar. O sexo só virou um interesse mesmo após os 30 anos, até que me tornei compulsivo por sexo, não conseguia dormir se não transasse. Com o tempo, quando comecei a perceber que era atraído por homens, tive uma crise moral. Eu achava que homem que transava com homem andava rebolando na rua de sobrancelha feita, pois era essa minha referência, um estereótipo que construí na minha cabeça.

Não me sentia culpado por nada, tinha era medo de me transformar no único exemplo de "viado" que havia em Mato Grosso, uma verdadeira "Geni". E, certa vez, um homem cheio de trejeitos passou na rua, em frente de minha casa, e as pessoas começaram a xingar. Orgulhoso, ele mantinha o passo e os trejeitos firmes, requebrando. Era um homem gay que trabalhava num hotel, e sempre que me via ficava parado em frente à casa dos meus tios, para depois me seguir pela cidade. Eu morria de medo dele. Minha tia me dizia que ele estava apaixonado por mim. Eu, aos 16 anos, respondia: "Deus me livre!" Tudo que não queria, com todas as minhas questões, era o gay da cidade apaixonado por mim. Ele morava sozinho, um escândalo na época, pois homem só saía de casa aos 21 anos para casar. A minha referência de homossexualidade era esse homem, um estereótipo de gay aos meus olhos, naquele momento, que me causava medo.

Tivemos uma briga horrível por causa do abastecimento de água da casa, pois eu era o responsável pela função de encher a caixa d'água com uma bomba manual. A discussão começou porque que meu irmão mais novo, implicante, resolveu me mandar fechar uma torneira sob a acusação de gastar muita água. Meu pai ouviu aquela discussão e foi logo ordenando: "Fecha essa torneira!" Respondi que eu enchia a caixa d'água, inclusive para ele usar, portanto tinha direito de usar a água da forma que quisesse. Num instante, a briga ficou violenta, apanhei de meu pai. Resolvi, então, sair de casa para morar na casa de um amigo dele, com a condição de trabalhar num bar. Fiquei fora um tempo, mas tive de voltar a morar com minha família devido à condição de saúde de minha mãe. Logo em seguida, como havia completado 17 anos, me alistei na Aeronáutica e pedi para servir no Rio de propósito, para ficar longe daquela confusão familiar. Só senti vontade de voltar a morar na minha cidade natal quando estava adulto, mas o que iria fazer em Mato Grosso? Meus avós já morreram e os lugares que eu conheci não existem mais. A cidade em que nasci não está no mapa, procurei no Google Earth e não encontrei Bela Vista, localizei somente o rio Apa que divide a cidade.

Para a filmagem do documentário *Olho Nu*, do Joel Pizzini, visitamos Bela Vista. O rio Apa não é mais um rio imenso, é pequenino e estreito, na época a gente atravessava o rio naquelas águas limpas. A fazenda do meu avô, hoje dividida em outras 10 fazendas, era um território imenso que percorríamos durante um dia inteiro, andando a cavalo, para chegar até a sede. A casa em que meus avós moravam, pequenina, continua de pé, mas atualmente é uma casa de caseiro. Foi bonito revisitar a aldeia de minha infância. Ao chegar nessa casa, que pertencia a minha bisavó Neneca, surgiu um vendaval que varreu todo o quintal, deixando o piso da entrada da casa repleto de folhas secas. O Joel me levou ao Mato Grosso para filmar, com a intenção de me ver chorar, mas não senti vontade de chorar. Obviamente, fiquei emocionado, mas não chorei.

A vida acabou me levando para outro Mato Grosso, próximo de Saquarema, no interior do Rio de Janeiro. Conheci essa fazenda rodeada de cachoeiras e, quando estava acertando a compra da propriedade, soube que se chamava Serra Mato Grosso. Compreendi, então, que estava fazendo a coisa certa. Não sinto nostalgia da minha terra, sinto apenas orgulho da minha origem.

Só retornei ao Rio de Janeiro quando tomei a decisão de deixar a casa da minha família para entrar na Aeronáutica. Na verdade, não fazia ideia do que faria da vida, só sabia que a relação familiar estava insustentável. A Aeronáutica foi meu pretexto para sair de casa, uma carta de alforria, pois não aguentava mais ficar com minha família, num ambiente em que, aos 17 anos, ainda era obrigado a aceitar a imposição de castigos.

A saída de casa representou, além de minha liberdade, o fim de um conflito com meu pai. Foi a forma que encontrei para estabelecer a paz, me afastar da minha família e seguir com minha vida. Se eu ficasse lá, com meu pai e minha mãe, eles iriam acabar se separando. Minha mãe queria me defender, apesar de sempre ter ficado ao lado do meu pai, no fim das contas. Meu pai me disse que, se eu saísse, ele não iria me ajudar de forma nenhuma, então afirmei que não se preocupasse comigo e fui viver minha vida.

Me alistei pelo Mato Grosso na Aeronáutica e pedi transferência para a Base Aérea do Galeão*, no Rio de Janeiro, para servir por dois anos. A intenção, além de residir no Rio, era ficar próximo de um comandante amigo do meu pai, pois buscava uma referência de amizade por perto, para não me sentir tão desamparado. Servi na polícia da Aeronáutica, andava armado com uma Colt 45, fui obrigado a aprender a atirar. Era o único lugar que eu poderia ir, como voluntário, aos 17 anos, para ficar longe do horror que eu vivia em casa.

---

* A Base Aérea do Galeão (BAGL) é uma base da Força Aérea Brasileira localizada na ponta do Galeão, ilha do Governador, na cidade do Rio de Janeiro, capital do estado do Rio de Janeiro. Criada com a finalidade de estabelecer o Centro de Aviação Naval do Rio de Janeiro, unidade da Marinha de Guerra, o Governo Federal desapropriou terras na ilha do Governador em 10 de maio de 1923. Extinta em 2017, a base passou a ser Ala11.

Mesmo num regime fechado, a Aeronáutica foi para mim uma liberdade, tive contato com jovens de várias regiões do país, principalmente do Espírito Santo. O alistamento foi uma experiência importante na minha formação, aprendi a conquistar meu espaço e a ser mais disciplinado. Disciplina eu já tinha porque meu pai me obrigava a ser responsável, e hoje agradeço por ele ter me criado assim. No quartel, fui obrigado a viver num mundo masculino, aprender a me defender. Cheguei a sair na porrada, por duas vezes, com um rapaz folgado, um abusado que roubava as minhas coisas. Tive de aprender a impor limites para sobreviver naquele ambiente machista.

Parecíamos bichos. Era um monte de adolescentes com a sexualidade aflorada, cheios de hormônios e desejos, rolava de tudo. Eu tinha vergonha das minhas mãos, vivia com elas no bolso, vergonha do meu corpo como um todo, me achava feio, não conseguia tirar a camisa. Tive de aprender a tomar banho com vinte homens ao mesmo tempo, todos nus, obviamente, e assim compreendi a neurose que havia criado em relação ao meu corpo.

Só abandonei o medo que tinha do meu corpo e da minha sexualidade quando, numa noite quente no quartel, sem conseguir dormir por causa do calor, saí para uma varanda e vi dois remadores másculos se beijando, se acariciando com tesão e afeto. Excitante. Um estava sentado na mureta e o outro em pé, os dois encaixados num abraço afetuoso que ia muito além de sexo, brilhava. Percebi que havia amor naquela cena, era como se eles estivessem desconectados do mundo, dentro de uma bolha imensa de amor. Naquele instante, compreendi que poderia ficar com homens sem me transformar no que me assombrava – até então pensava que um homem tinha que virar mulherzinha para namorar outro homem. Esse imaginário me assustava aos 17 anos, ainda formando minha sexualidade. Quando vi esses rapazes, passei a cogitar a possibilidade de um outro caminho, me permitir ser, exercitar minha liberdade.

Dizia para mim mesmo que nunca iria fazer sexo só por fazer, teria de ser com alguém em quem eu encontrasse a possibilidade de amar. Depois comecei a perceber que era muito natural esse tipo de relacionamento entre os rapazes que estavam no quartel. Até surgiu um clima com um menino, uma paixão platônica, mas não tivemos coragem de realizar os nossos desejos. Curioso é que, só fui reencontrar esse colega de quartel quase vinte anos depois, quando ele já estava casado e com filhos. De vez em quando, eu recebia a visita dele no meu apartamento, conversávamos enquanto ele bebia cerveja, mas acabou não rolando nada. Foi um amor platônico, que guardo comigo. Um grande amor em minha vida, o primeiro que lembro de ter amado de verdade. Soube que ele morreu, foi assassinado.

Diante de toda essa descoberta, um ano depois de sair de casa, surgiu a história de uma filha, quando minha mãe veio com a história que uma garota levou a neta para ela conhecer. De fato, antes de sair do Mato Grosso eu transava com uma menina, mas não era uma namorada, nós apenas transávamos vez ou outra. Em princípio, minha mãe duvidou da veracidade da história, mas ao olhar a criança e perceber que ela tinha o pé esquisito como o meu, herança do meu pai, ela acreditou. Minha mãe chegou a pedir para ficar com a criança, só que após essa abordagem a garota despareceu com a criança, sumiu do mapa. Nos anos 1970, eu cheguei a ter vontade de ter um filho... Mas não aconteceu, então sou feliz assim. Tenho muitos afilhados, sou feliz sozinho. Hoje eu sei que não aguentaria ter uma criança todo o tempo, ser pai definitivamente não está nos meus planos.

Antes de estrear no Secos & Molhados, fui em casa e avisei que estava integrando um grupo escandaloso, e que a família poderia ficar um pouco assustada. Minha mãe disse que eu que tomaria um susto ao vê-la na plateia. Meu pai não foi me assistir no Secos & Molhados, só foi ao show *Homem de Neanderthal*, mas antes de sentar na plateia ele tomou um remédio para o coração. Depois comentou com minha irmã que havia gostado e que me admirava como artista, mas nunca me disse nada diretamente, eu também não perguntava. Quando apareci pela primeira vez na televisão, recordo que

Aos 13 anos, ao lado do meu irmão mais novo, Grey, com 11.

Aos 17 anos, na Aeronáutica,
no Rio de Janeiro.

meu pai ficou chocadíssimo porque achava que eu estava de saia. E não era saia, e sim uma calça de odalisca. A "saia" foi o que mais incomodou meu pai – o fato de eu estar requebrando, todo pintado, ele engolia. Com o passar dos anos ele foi muitas vezes assistir aos meus trabalhos, o que me permitiu entender que meu pai ficava orgulhoso do filho artista.

Costumo dizer que meu pai foi a figura mais importante da minha vida, graças a ele sou a pessoa que sou. Com toda minha rebeldia, acredito ter ensinado algo ao meu pai. E também aprendi muito com ele, como a desafiar o autoritarismo e buscar a liberdade. A reconciliação com meu pai só começou quando eu fui morar em São Paulo, hippie, antes de ter sucesso ainda. Ao me visitar em São Paulo, num quarto alugado na casa de uma espanhola, ele me achou muito pobre e ofereceu um trabalho remunerado em ilha Solteira, região onde trabalhava, no interior de São Paulo, na divisa com Mato Grosso do Sul. Respondi que ele não estava entendendo nada, eu era feliz daquela forma, pobre, amava a minha vida daquele jeito. Sempre que nos encontrávamos, ele me oferecia dinheiro, mas eu não aceitava.

Houve um momento importante para nós dois, quando tivemos conversas sobre assuntos familiares, um acontecimento muito raro. Ele estava para retornar para o Mato Grosso, e marcou um encontro comigo em frente ao prédio do Estadão, no centro de São Paulo. Eu me lembro como se fosse hoje, o espanto do meu pai quando lhe beijei no rosto. Ele olhava ao redor, para se certificar de que ninguém havia presenciado aquela cena de um homem beijando o outro no rosto. A partir desse episódio, passamos a nos tratar com amizade, ele passou a me respeitar. Fui o único, entre meus irmãos homens, a beijar meu pai. Já adulto, com trajetória artística estabelecida, os amigos me contavam que ele falava de mim com carinho e que me admirava.

Uma vez, quando morávamos em Campo Grande, na década de 1950, meu pai me disse: "Em outra vida nós viemos juntos e você me venceu, mas desta vez você não me vencerá". Ele era espírita e achava que estava vivendo uma batalha comigo nessa encarnação, para se ter uma ideia de como era a relação. Havia muita discordância de visão de mundo, por isso os conflitos.

Só fui resolver esse carma com meu pai quando consegui, por fim, ultrapassar esse sentimento de raiva entre nós, entender e perdoá-lo, após as experiências espirituais que vivenciei com intensidade, como o Processo Fisher Hoffman* e os rituais de Daime**. Ao compreender que ele reproduzia uma educação dura que havia aprendido, então passei a ter compaixão. Com o passar dos anos, o amor que passamos a cultivar nos libertou daquela situação triste.

Quando meu pai estava prestes a morrer, em 1986, nos reaproximamos e tivemos conversas muito íntimas. Foi num desses encontros que ele se disse arrependido de ter criado os filhos homens de forma tão conservadora e autoritária. Nosso amor se expressava nos pequenos atos, como, por exemplo, ir até uma sorveteria para buscar o sorvete preferido dele. Costumo afirmar que eu dei sorte de ter nascido filho de militar, porque isso já me colocou como transgressor. A questão da sexualidade era um fantasma do meu pai, não meu. Sou grato a ele por toda essa experiência de vida, inclusive pela oportunidade de morar em diferentes lugares, que, apesar de não permitir que eu firmasse laços de amizade, me ensinou a ser independente, desapegado. Gosto de não ter apego, ser livre.

O mais curioso nessa história toda é que eu nunca me achei parecido com meu pai, mas quando ele morreu, e olhei para o corpo dele no caixão, me vi. Éramos iguais. Naquele instante, em sua despedida, tive um reconhecimento de minha ancestralidade e compreendi muito minha história de vida. Penso no meu pai regularmente, com amor. Após a morte dele passei a senti-lo ainda mais próximo.

---

* Processo Fisher Hoffman é um curso de autoconhecimento e reeducação emocional, ministrado pelo Centro Hoffman há mais de trinta anos. Trata-se de metodologia de autodesenvolvimento, criada em 1967, nos EUA, por Bob Hoffman (1898-1985), avalizada pela Universidade Harvard (EUA) devido à sua capacidade de promover mudanças de paradigmas por meio do aprimoramento da competência emocional.

** *Ayahuasca* (do quíchua, que significa "vinho dos espíritos"), bebida sacramental conhecida como Daime, Santo-Daime, Iagé, Uni, Hoasca e Vegetal, entre outros nomes, é uma cocção produzida a partir da combinação da videira Chacrona (*Psychotria viridis*) com o cipó Jagube (*Banisteriopsis caapi*), utilizada em práticas espirituais como forma de obter autoconhecimento e sabedoria. A doutrina do Santo-Daime (Daime) foi criada por Raimundo Irineu Serra (1890-1971), mais conhecido como Mestre Irineu ou Mestre Juramidam, filho de escravos, fundador do Centro de Iluminação Cristã Luz Universal, Alto Santo, em Rio Branco (AC), onde é mantida a tradição através da dignatária Peregrina Gomes Serra, viúva do Mestre.

Aos 17 anos, com meu topete à la Elvis, em Campo Grande.

2
VEREDA
TROPICAL

> EU NÃO TENHO ÓDIO, TENHO É
> # MEMÓRIA
>
> PEDRO NAVA
> *BAÚ DE OSSOS* (1972)

Assim que terminou meu período na Aeronáutica, aos 19 anos, fui conversar com um tio do meu pai que morava em Copacabana e havia me oferecido lugar para morar. Acreditei na palavra dele, mas quando fui procurá-lo me disse que não poderia me ajudar. Como eu não tinha onde morar, dormi duas noites nas calçadas de Copacabana. Na verdade nem consegui dormir, fiquei preocupado com minha vida, muito inseguro com o que poderia acontecer. Até que decidi visitar a madrinha de minha mãe, Elvira, que na ocasião morava em Copacabana. Eu e os filhos dela fomos criados juntos na infância, numa vila em Padre Miguel, como se fôssemos da mesma família. Ao nos reencontrarmos, ela me perguntou onde eu estava morando e, sem graça, respondi que não morava em lugar nenhum.

Por morar apenas com o filho caçula, Dode, na Rua Figueiredo Magalhães, Elvira resolveu me acolher em seu apartamento. Até que meu primo começou a ter um comportamento de juventude transviada, saía pelas ruas do Rio de Janeiro à noite para fazer ligação direta nos carros, curtir a vida, e depois devolver o veículo. Quando o outro filho da minha tia, Demóstenes Rio Branco, o mais velho, que era médico em Brasília, descobriu que o irmão estava roubando carros, tomou a decisão de nos levar para morar na recém-inaugurada capital federal.

Cheguei em Brasília no ano de 1961, aos 19 anos, quando não existia absolutamente nada, deviam viver no máximo 50 mil pessoas na cidade.

Naquela época, eu não mantinha contato com a minha família, apenas quando mudei eu liguei para avisar que estava saindo do Rio de Janeiro para Brasília com a intenção de trabalhar. Me tornei funcionário público porque precisava sobreviver e pagar minhas contas. Recebia um bom salário, me sustentava sozinho, tinha enfim conquistado minha independência. Passei cerca de um ano no Laboratório de Anatomia no Hospital de Base*, responsável pelos exames de lâminas para a realização de biópsias. Aprendi a fazer lâminas para biópsias, retiradas de corpos humanos tanto vivos quanto mortos para identificar qual era o tipo de doença do paciente. No laboratório, o material era tratado com diversos banhos químicos, até ser colocado numa placa de parafina para ser analisado. O trabalho era cortar o tecido em microfatias e, assim, desenvolver os procedimentos necessários para os exames. Fiquei trabalhando no hospital de 1961 até 1966, quando pedi minha primeira licença sem remuneração para voltar ao Rio de Janeiro. Em seguida, fui convidado a trabalhar no Departamento de Cardiologia para criar gráficos cardiológicos, pois sabiam que eu gostava e tinha aptidão para desenhar.

    Meu primeiro contato com a morte se deu dentro do Hospital de Base, quando passei a trabalhar com crianças em estado terminal. Até então eu nunca tinha visto uma pessoa morrer; esse contato com a morte me sensibilizou e contribuiu muito para minha formação como ser humano. Quando estive diante de um cadáver pela primeira vez fiquei muito mexido, chocado mesmo, com o corpo humano sem vida diante de mim. Logo consegui outra licença do hospital por um período breve, quando fiquei entre o Rio de Janeiro e São Paulo, visitando amigos e vendendo artesanato. Quando retornei, marquei uma conversa com o diretor do hospital e pedi para ficar trabalhando com as crianças ou com os loucos.

---

* O Hospital de Base do Distrito Federal foi planejado para ser referência para o sistema de saúde de Brasília, em 1957, com a criação da Nova Capital Federal. Localizado no Setor Médico--Hospitalar Sul (SMHS) – Área Especial – Q. 101, o primeiro Hospital Distrital de Brasília (HDB) foi inaugurado em 12 de setembro de 1960, tornando-se centro de referência para as regiões Centro-Oeste, Norte e Nordeste. Atualmente, o HBDF atende toda a população do DF, entorno e estados circunvizinhos, além de egressos de cursos de medicina nos Programas de Residência Médica, como estudantes de cursos de medicina, enfermagem, nutrição, fisioterapia, odontologia e psicologia.

Ninguém entendeu nada do meu interesse por uma área desprezada pelos profissionais de saúde. Achavam que eu estava louco, pois cuidar de crianças não era considerada uma função para homens. Como não me permitiram trabalhar com os loucos, fui cuidar das crianças doentes: dava banho, limpava bunda e fazia recreação. Ninguém entendia como eu gostava de exercer aquela função, convivendo diariamente com a finitude, a morte de inocentes. Não era raro brincar com algumas crianças num dia e no outro descobrir que haviam morrido. Teve um período em que eu ficava triste, baixo-astral, não sabia lidar com aquelas perdas, depois passei a compreender o rito de passagem e mergulhei fundo no trabalho. Eu me divertia, foi a única vez em que gostei de trabalhar de verdade sem ser como cantor.

Com meu ordenado comprava tinta e argila para as crianças, elas pintavam, faziam cerâmicas. Ganhei confiança da direção do hospital e fui autorizado a passear com elas no bosque de eucaliptos que havia nos fundos do prédio, para tomar banho de sol. Eu era o brinquedo dessas crianças, elas adoravam o fato de eu ser hippie e andar cheio de penduricalhos coloridos. Foi um dos períodos mais especiais e ricos de minha vida, sem dúvida nenhuma. Entendi que eu estava ali simplesmente para servir e proporcionar alegria para aquelas crianças, enquanto elas estivessem vivas.

Nessa época me descobri como ser humano, passei a ganhar meu dinheiro e a alugar um quarto num apartamento, a ser independente. Ao chegar em Brasília também passei a ter consciência da minha sexualidade, escolher com quem gostaria de dividi-la, sem a culpa cristã. Eu era muito travado, sexualmente falando, só fui me liberar para o sexo a partir dos 30 anos – dos 33 aos 38 anos eu realmente exercitei minha liberdade sexual, passei a me comportar como um bicho no cio, cheio de instinto e tesão. A partir do momento que entendi que era livre para transar com quem desejasse, sem limites, pois eu estava em completa ebulição, o sexo passou a não ser um problema.

Foi um período de muitas descobertas. A primeira vez que fumei maconha também foi em Brasília, sem dúvida essa cidade tem um lugar especial em minha vida. As pessoas fumavam maconha molhando o jardim sem preocupação de serem reprimidas e, além disso, se relacionavam livremente, sem rótulos, cada um transava com quem tinha vontade, independentemente da sexualidade.

Minha primeira experiência sexual com um homem ocorreu aos 21 anos, com Eugênio, filho de uma família quatrocentona de São Paulo. Naquela época, eu alugava um quarto no apartamento do filho de um senador, muito frequentado por jovens bonitos. Definitivamente eu não queria que minha primeira experiência sexual com um homem fosse com qualquer jovenzinho, então resolvi esperar o homem que eu considerava ideal. Escolhi esse homem de 40 anos, queria que fosse algo especial em minha vida, nos apaixonamos e namoramos por um ano. Mas idealizei tanto essa relação de amor que acabou não dando muito certo; quando começou a aparecer o sentimento de posse, foi a gota d'água. Ele disse que eu não poderia sair com uma calça apertada, aquilo me broxou. A primeira vez eu troquei a calça, para não brigar, mas na segunda vez eu disse que não aceitaria aquela situação – e, um tempo depois, terminamos. Antes do fim da relação, ele tentou o suicídio tomando os remédios que encontrou em sua casa.

Ele era uma pessoa muito ciumenta, criava histórias que só existiam na cabeça dele, e acabava entrando em crise. No dia em que ele tentou o suicídio, eu estava na minha casa e acordei com o passaporte dele na mesinha de cabeceira da minha cama. Estranhei aquela situação e conversei com o nosso amigo em comum, que era o dono da casa em que eu morava. Então, resolvemos ir até a casa do Eugênio para tirar aquele grilo da cabeça. Como a porta da casa estava trancada, tive que entrar pelo basculante do banheiro. Ao entrar, me deparei com uma pessoa toda ensanguentada, machucada de tanto cair. Diante daquela situação tensa, conseguimos levá-lo ao Hospital de Base, onde eu trabalhava, e ele acabou sendo atendido pelo meu primo, que era médico. Tive de ignorar a ironia do meu primo, que dizia estar sacando a história quando Eugênio afirmou que só ficaria no hospital na minha companhia. A partir desse episódio, meu nome passou a ser assunto em diversos lugares de

Aos 23 anos, no Hospital de Base do Distrito Federal, onde eu trabalhava.

No Coral do Elefante Branco, em Brasília, na década de 1960.

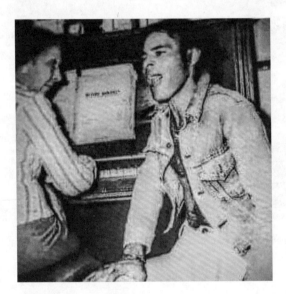

Com minha querida professora de canto, Fernanda Gianetti, no Jardim Botânico, no Rio, em 1975.

Brasília. Eu, simplesmente, não baixei a cabeça e segui minha vida, sem me preocupar com a língua dos outros. Por fim, tive que ligar para a mãe do Eugênio para buscá-lo em Brasília para que ele pudesse se tratar em São Paulo. Depois de um tempo, cerca de nove meses, ele me apareceu em Brasília dizendo que voltava para me buscar para morar com ele em São Paulo. Eu disse que aquela história não fazia sentido, pois eu queria seguir minha vida. Alguns anos depois, soube que ele havia se matado em São Paulo, abrindo o gás de cozinha e colocando a cabeça no forno. Não me senti culpado, pois a família me disse que ele tentava o suicídio desde os 13 anos.

Comecei a me aproximar do teatro, da música, de todas as manifestações artísticas, que eram vetadas pelo meu pai em minha infância. Foi em Brasília que perdi a vergonha de minha voz. Compreendi que atingir a região de contralto era uma coisa rara, não um defeito de minha voz, mas o contrário – foi quando percebi que meu canto tinha valor. Naquela época, o que me atraía mais era o teatro, e trabalhei como ator pela primeira vez. Ensaiávamos um texto do Dias Gomes, *A invasão*, mas a estreia teve de ser abortada por conta do golpe militar de 1964. Era uma peça baseada em um fato real, ocorrido no final dos anos 1950, sobre um edifício em construção próximo ao Estádio do Maracanã, no Rio de Janeiro, que foi invadido e ficou sendo conhecido como Favela do Esqueleto – ali onde hoje a UERJ resiste.

Dias Gomes era considerado um autor subversivo, esse texto falava de um país onde impera a desigualdade social e a politicagem, uma espécie de crônica do Brasil pós-1964. Não era um teatro para divertir os burgueses, era um teatro de revolta, o texto incomodava ao trazer para o palco os excluídos da sociedade. Na peça, os invasores de um prédio eram representados pelo povo brasileiro oprimido e explorado por um governo incompetente. O final parecia um delírio, o juiz autorizava a permanência do grupo no prédio... A montagem não aconteceu, mas vi que eu queria na vida era ser ator. O canto e a dança funcionavam como um recurso para o teatro, pois sempre entendi que ator precisa saber dançar e cantar, além de interpretar.

A primeira vez que me apresentei como cantor foi num festival de música na Universidade de Brasília. No auditório fizemos um show para universitários de Minas Gerais que faziam intercâmbio. Além de mim, havia outros cantores, todos amigos: Tião, Lena, Glorinha, e o Paulinho Machado, compositor de "América do Sul" – que acabou se tornando um dos meus maiores sucessos. Se havia shows com o Samba opus 1, eu cantava com a Lena. Lembro que naquela época, em 1966, eu frequentava a casa de Lena, e a mãe dela, dona Paula, era mãe de santo e jogava búzios. A Lena insistiu para que sua mãe visse a minha sorte no oráculo, então ela consultou as conchas e me enviou um recado: "Não desista de cantar, esse é o seu caminho. Você vai fazer muito sucesso, mas ainda vai demorar um pouco, antes irá passar por algumas dificuldades..." Apesar da fama de embusteira da mãe da Lena, eu levei em consideração a mensagem; de alguma forma eu já carregava a certeza de que ocorreria uma transformação positiva em minha vida.

Na primeira apresentação para uma plateia, não estava com figurino nem maquiagem, e cantei música popular brasileira: "Só tinha de ser com você". Teve aquela história de uma pessoa na plateia me chamar de bicha por conta da minha voz. Eu não consegui engolir, pedi para baixar o som, fiquei encarando e perguntei: "O que você disse?" Ele ficou sem graça, envergonhado. Então cantei e depois fui embora. Na saída, o cara que me xingou teve que passar por mim, ficou com medo. Claro que eu não faria nada, mas ele se sentiu ameaçado. Entendi na minha estreia que não devia baixar a cabeça, nunca, para ninguém. A minha voz, por ser de um registro diferente do que os homens estão acostumados a cantar, causou aquela reação – e ainda causa estranhamentos hoje em dia. E olha que, naquela apresentação de estreia, eu nem estava dançando.

Eu não frequentava a educação formal da universidade porque não era a minha, mas apesar de não ser matriculado num curso específico o meio cultural era muito rico, vivo, eu vivenciava aquela realidade. Havia muita liberdade, se eu quisesse eu poderia assistir aulas de determinado curso sem estar inscrito como aluno. Triste mesmo foi quando surgiu o golpe militar, a ditadura chegou quebrando tudo, muitos professores e alunos desapareceram, livros foram rasgados e queimados. Um horror, aquilo me deixou chocado, puto, entristecido.

Naquele período fiquei caidinho por uma menina de 17 anos, que cantava no coral, chamada Gabriela. Ela era linda, parecia uma princesa. Com pretexto para me aproximar dela eu me inscrevi no coral com outras sessenta pessoas. Depois passei para o madrigal de cinco vozes, que só cantava música renascentista, da Rádio Educadora, sob a regência de Livino de Alcântara – ele e sua esposa me deram a maior força para que eu investisse no canto, que acreditasse no meu talento. Ao fazer parte desse coral me permiti viver, experimentar o teatro e a música de forma intensa e verdadeira. A minha voz sempre foi muito aguda, desde criança, foi ela que me levou a cantar no madrigal. Impressionado com meu registro vocal, incomum para um homem, o maestro parou um ensaio para me dizer que eu tinha a voz rara, um tipo de voz que só tinham as crianças que, antigamente, eram castradas. E eu que só havia aceitado participar do coral porque, no meio de dezenas de pessoas, minha voz não seria notada...

Só passei a criar confiança para cantar quando tive a garantia de que minha voz não era um defeito de fabricação. Passei a acreditar em mim a partir do instante em que compreendi que minha voz tinha qualidade – por isso tenho imensa gratidão pelo período que passei em Brasília, pelos amigos que fiz e o que aprendi com as artes. Tive as experiências mais importantes da minha vida em Brasília, ao lado de pessoas que amava. Passava horas no refeitório do Hospital de Base, sonhando com a minha vida artística, plasmando imagens do meu futuro, em silêncio. Dentro de mim sempre tive a convicção de que o momento de realização profissional haveria de chegar, a absoluta certeza de que realizaria todos os meus sonhos.

Desembarquei no Rio de Janeiro, em 1966, com a intenção de ser ator. Minha primeira experiência profissional como ator de teatro foi um musical infantil, que marcou época, *D. Chicote Mula Manca e seu fiel companheiro Zé Chupança*, no antigo e saudoso Teatro Casa Grande – no espetáculo D. Chicote era o Gilberto Bartholo e o Zé Chupança era Regina Duarte. Sempre persegui o teatro, em todas as produções eu

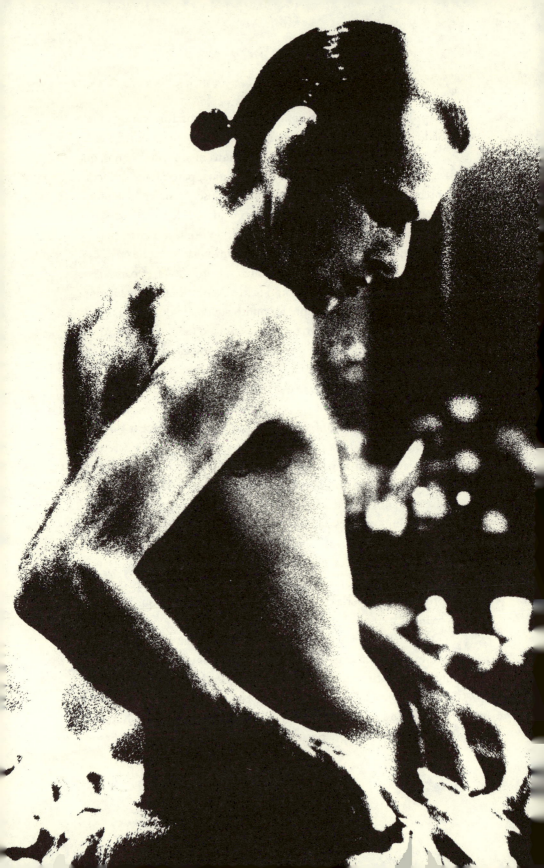

cantava e dançava. Não tenho dúvida de que a experiência como ator de teatro me preparou para o que viria a fazer depois com o Secos & Molhados e com minha carreira solo.

Em paralelo, enquanto tentava a vida no teatro, vivia da confecção e venda das minhas peças de artesanato. Na verdade, passei esse período entre Rio de Janeiro e São Paulo por uns dois anos, criando e vendendo artesanato. Foi através de uma amiga, Renata, que conheci um grupo que acabou por despertar meu interesse para levar a sério esse trabalho. Ao visitar esse coletivo, percebi que havia no chão do ateliê umas bolinhas de couro espalhadas, perguntei o que eles faziam com aquelas sobras e disseram que jogavam fora. Então pedi aqueles restos de couro e comecei a fazer meus artesanatos: anéis, pulseiras, colares...

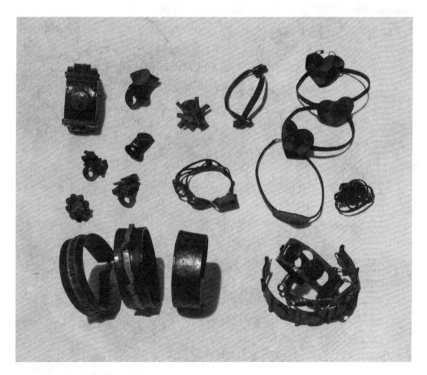

Alguns dos meus artesanatos, criados nos anos 1970, que me foram devolvidos recentemente pelas mãos de uma cliente americana.

No camarim, vestindo figurino, na estreia do meu primeiro show solo, *Homem de Neanderthal*, no Hotel Nacional, em 1975.

Depois trabalhei com outros materiais que encontrava em minhas andanças pelas praias: palha, penas, barbantes, cacos de vidro, conchas e sementes. Viajava muito para Búzios, no litoral do Rio, que não era uma cidade turística na época, e ficava lá naquelas praias desertas tomando ácido e recolhendo os presentes do mar. Vivia das vendas de artesanato, principalmente para mulheres de outros países – os brasileiros não se interessavam pelo meu trabalho. Recentemente, uma senhora americana que hoje tem 90 anos, minha cliente na época, me procurou para devolver essas "joias". Inacreditável rever esses objetos que desenvolvi com tanto amor num período tão significativo de minha vida.

Eu não tinha grana nenhuma, era hippie, às vezes passava necessidades e não tinha o que comer, mas por orgulho não pedia ajuda a minha família. Não tinha dinheiro, mas era muito feliz com meus artesanatos. Felicíssimo. Uma pessoa livre e feliz, sem preocupação, andava apenas com a roupa do corpo. Todos os meus sonhos cabiam dentro de uma bolsa de couro costurada por mim. O Rio me recebeu com carinho, foi o lugar onde exercitei minha liberdade. Lembro que ficava hospedado na casa da Luhli, passava a tarde inteira no quintal fazendo meus artesanatos, muitas peças em couro e verniz. Até que finalmente surgiu a oportunidade de mudança de vida, com o convite de trabalho do Secos & Molhados, em São Paulo.

Eu e Luhli sempre fomos muito próximos. A mudança chegou através dela, que havia conhecido o João Ricardo, e acabou me apresentando a ele através do fotógrafo Luiz Fernando Borges da Fonseca, companheiro dela que estava fazendo a fotografia do longa *O diamante cor-de-rosa*, do Roberto Carlos, em São Paulo. O João Ricardo disse para Luhli que estava precisando de um cantor de timbre agudo. Ela me indicou, e ele veio ao Rio de Janeiro para me fazer o convite pessoalmente. Felizmente eu já estava seguro o suficiente para saber o que queria fazer com meu corpo, minha voz e minha arte. Curioso é que, neste momento anterior à mudança para São Paulo, a Luhli jogava tarô para mim e só saía a carta da Morte – o que indica total transformação, liberação do passado, final de um ciclo e começo de outro, principalmente na

Na casa de Luhli, Lucina e Luiz Fernando, em Figueiras, no Rio, durante um carnaval, na década de 1980, pintando uma criança.

vida profissional. Lembro que, depois, no auge do sucesso do Secos & Molhados, quando eu consultava o tarot, a carta da Morte reaparecia, revelando ainda mais transformações que estavam por vir. Esse simbolismo de morte e renascimento, de transformação radical de tudo, sempre fez parte de minha vida. Depois do Secos & Molhados, um médium veio me dizer que a primeira vez em que encarnei foi no México, e que a pena de faisão usada no meu figurino, era um símbolo do Quetzalcoatl, Deus Serpente Emplumada, senhor do vento e da criação cultuado pelos astecas e pelos toltecas. Ouço essas mensagens sem julgamento, recebo e sigo meu caminho sempre conectado com os mistérios da natureza.

Esse episódio me fez lembrar que, por volta dos 29 anos, o Paulinho Mendonça me levou numa cartomante, uma velhinha quase cega, para jogar cartas, e ela disse que minha vida iria sofrer uma profunda transformação: iria ficar famoso e ganhar muito dinheiro. A cartomante afirmava que enxergava algumas coisas assim como Carmen Miranda. Eu achei muito engraçado, até meio maluco, aquela mulher associar a minha vida a Carmen Miranda. No momento pensei que a mulher era uma louca! Como assim, ganhar dinheiro e ficar famoso como Carmen Miranda? Só anos depois, já com a carreira estabelecida, é que me lembrei da situação e compreendi que a cartomante estava certa. No íntimo, eu carregava a forte intuição de que alguma transformação forte ocorreria na minha vida, só não sabia descrever o que era de fato. Antes de ir para São Paulo, fiz questão de ir a Búzios para me despedir, tomar ácido para me conectar com o sagrado, com aquela natureza exuberante. Então vendi o único bem que possuía – um despertador – para um pescador e comprei minha passagem para São Paulo. Costumo brincar com a Luhli dizendo que não sei se lhe agradeço ou culpo por toda a transformação da minha vida; tenho por ela um sentimento de profunda gratidão.

Três dias depois de encontrar o João Ricardo (ele e o Gerson dizem que foi um ano depois), eu estava em São Paulo. Ficamos cerca de um ano ensaiando aquele repertório. O personagem criado para o Secos & Molhados foi uma manifestação artística minha, tive que enfrentar inclusive críticas do próprio grupo – eles achavam que eu estava me excedendo. Queriam me obrigar a usar uma boina de Che Guevara, mas não tinha absolutamente nada a ver comigo, seria falso de minha parte colocar aquilo na cabeça. Não! Bati o pé e mantive minha vontade.

Estabeleceram um quadrado onde eu poderia me manifestar livremente. Sob essas condições, fiz um trato com o grupo: dentro daquele quadrado faria o que desse na minha telha. Eles concordaram, pois entenderam que eu não perderia a minha autenticidade de forma alguma. Liberei tudo que havia aprendido nos últimos anos com o teatro: cantava e dançava com a máxima liberdade possível. Permiti que os vários personagens que eu criava se manifestassem com vigor, cada um num momento.

Com o passar do tempo, passamos a ter conflitos dentro do grupo, diziam que "eu estava passando dos limites" em relação à androginia. João e Gerson falavam que não queriam ser vistos como um "grupo de homossexuais". Mas quando o sucesso chegou, quando a imagem passou a ser atraente, então acabaram os preconceitos. Antes, ficavam todos muito preocupados com as exigências e ordens das redes de televisão – não pode isso, não pode aquilo.

Algo que me marcou muito foi a preocupação que os produtores e diretores de TV tinham com o olhar. A ordem era não olhar para as câmeras, aí mesmo que eu olhava e me comunicava com o espectador que estava em casa. O acordo não era faça o que quiser dentro do seu quadrado? Eu pintava e bordava no meu espaço. Eu sempre me entendi no palco como um personagem, liberando uma parte do meu inconsciente e do coletivo. Era uma liberdade impressionante, libertadora em todos os sentidos. Com o rosto pintado eu compreendi que desenvolvia a coragem de que necessitava para me expor fisicamente. Foi dessa forma que acessei uma coragem e uma liberdade que eu não supunha que existisse dentro de mim. Foi uma libertação catártica minha estreia no Secos & Molhados.

Em fotografia de Ary Brandi, com Gerson e João Ricardo no camarim do Secos & Molhados, em 1973.

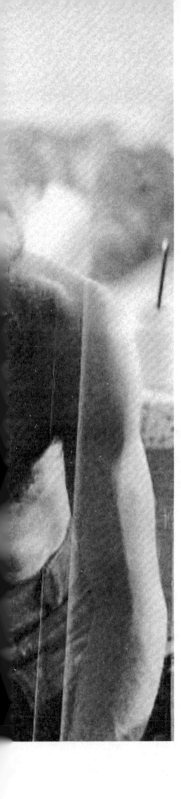

3
DELÍRIO

> O QUE TEM DE SER TEM MUITA FORÇA, TEM UMA FORÇA ENORME
>
> JOÃO GUIMARÃES ROSA
> *GRANDE SERTÃO: VEREDAS* (1956)

Eu tinha uma certeza dentro de mim, sempre tive, de que algo importante ocorreria em minha vida artística, imaginava que podia ser o teatro, só depois fui saber que a música seria a protagonista. Quando a Luhli me falou do Secos & Molhados, entendi que havia chegado o momento. Estava com 30 anos e com muitos sonhos. Eles queriam um homem cantando no registro agudo como o meu. As pessoas ouviam no rádio e ficavam em dúvida: é um homem ou uma mulher? Quando me viam no palco, maquiado, com bigode e uma grinalda na cabeça, requebrando como um ser híbrido, ficavam ainda mais confusas.

 Trabalhamos o repertório do Secos & Molhados exaustivamente, ensaiando onde tivesse espaço, por cerca de um ano. Um ensaio acompanhado por dois violões, gaita e voz; só mais adiante, quando estávamos próximos da estreia, entrou a banda. Em paralelo aos ensaios do Secos & Molhados, eu vendia meu artesanato e fazia peças de teatro para sobreviver em São Paulo. Cheguei ao grupo de forma muito intuitiva, trazendo para o palco o que tinha aprendido em minha vivência artística. Como era uma pessoa muito tímida, incapaz de me comunicar, resolvi procurar o teatro. A timidez era tanta que se eu entrasse num lugar não conseguia nem dar boa-noite, nem conversar com ninguém, uma coisa horrível.

 Quando surgiu o Secos & Molhados, eu trabalhava como ator, me desdobrando em vários personagens. Em minha primeira peça,

Dom Chicote Mula Manca e seu fiel companheiro Zé Chupança, meus personagens eram o espantalho, o pastor de ovelhas e o secretário do Rei. Na segunda, "Rosinha do túnel do tempo", interpretei José Bonifácio, D. Pedro e um cientista maluco. Estava sempre me multiplicando em outros.

A viagem, uma adaptação de *Os lusíadas*, foi a peça que mais me exigiu e me preparou para a música, pois era realmente um musical, com setenta pessoas em cena e uma banda – que depois acompanhou o Secos & Molhados nos shows. Eu ficava dançando no escuro, reproduzindo os sons no meu corpo, foi assim que tomei consciência de que podia dançar.

Em dezembro de 1972, fizemos a primeira apresentação do Secos & Molhados na Casa da Badalação e Tédio, do Teatro Ruth Escobar, em São Paulo, com os rostos e corpos pintados. Foi no mesmo local onde eu encenava a peça *A viagem*, cheguei a convidar o elenco para a estreia. No terceiro dia, o Secos & Molhados já era um sucesso estrondoso. Saíram muitas matérias de jornais, o teatro tinha de ficar com as portas abertas, pois uma multidão permanecia do lado de fora querendo assistir. Era muito impressionante, pois vivíamos o governo de Costa e Silva, um dos períodos mais sombrios da história do Brasil, época do AI 5*, com aquela ditadura horrorosa, preconceituosa, censurando a todos.

O Secos & Molhados surge num período que marcou o fim dos históricos festivais de música das TVs Excelsior, Record e Globo – a famosa

---

* O Ato Institucional nº 5, de 13 de dezembro de 1968, marcou o início do período mais duro da ditadura militar (1964-1985). Editado pelo então presidente Artur da Costa e Silva, ele deu ao regime uma série de poderes para reprimir seus opositores: fechar o Congresso Nacional e outros legislativos (medida regulamentada pelo Ato Complementar nº 38), cassar mandatos eletivos, suspender por dez anos os direitos políticos de qualquer cidadão, intervir em estados e municípios, decretar confisco de bens por enriquecimento ilícito e suspender o direito de *habeas corpus* para crimes políticos. O ministro da Justiça, Gama e Silva, anunciou as novas medidas em pronunciamento na TV à noite. Os primeiros efeitos do AI-5 foram percebidos naquela mesma noite. O Congresso foi fechado. O presidente Juscelino Kubitschek, ao sair do Teatro Municipal do Rio – onde tinha sido paraninfo de uma turma de formandos de engenharia – foi levado para um quartel em Niterói, onde permaneceu preso num pequeno quarto por vários dias. O governador Carlos Lacerda foi preso no dia seguinte pela PM da Guanabara. Após uma semana em greve de fome, conseguiu ser libertado.

"Era dos Festivais"*. Foi uma época de muita repressão e ao mesmo tempo de criatividade e resistência. Tanto eu quanto outros nomes da música tivemos problemas com a censura da ditadura. Caetano, Chico, Gal, Gonzaguinha, Raul Seixas, Luís Melodia sofremos com aquele clima de tolhimento e anulação de liberdades, presente no ar de forma cada vez mais intensa. Um dia após a promulgação do AI5, na tentativa de driblar a censura, o *Jornal do Brasil* publicou uma anedota na sua seção de meteorologia que buscava dar a dimensão dos acontecimentos:

Previsão do tempo: Tempo negro. Temperatura sufocante. O ar está irrespirável. O país está sendo varrido por fortes ventos. Máx.: 38°, em Brasília. Mín.: 5°, nas Laranjeiras.

A censura também ficou de olho em nós, os integrantes do Secos & Molhados – éramos considerados um problema para a moral e os bons costumes da época. Chegaram a proibir que as câmeras em programas de televisão me colocassem em *close*. A força do Secos & Molhados estava justamente em não assumir uma postura de enfrentamento com a ditadura, mas em se constituir como um desafio comportamental através da dança, das roupas, da subjetividade.

No dia da estreia, em São Paulo, nós saímos na rua, ali na Augusta, para colocar cartazes do Secos & Molhados, confeccionados pelo Gerson, onde estava escrito o nome do grupo – Secos & Molhados – e um discreto

---

* A Era dos Festivais foi um dos principais períodos da música popular brasileira, na década de 1960, que revelou através dos festivais de música popular brasileira talentos como Elis Regina, Caetano Veloso, Chico Buarque, Edu Lobo, Gal Costa, Gilberto Gil, Maria Alcina, Milton Nascimento e Vinicius de Moraes. Destacam-se o Festival da Música Popular Brasileira, criado para a TV Excelsior e, a partir do segundo ano, produzido e exibido pela TV Record, além do Festival Internacional da Canção Popular (FIC), transmitido pela TV Rio e mais tarde pela TV Globo.

subtítulo: "música e poesia". Existia uma inquietação no ar, apesar do conservadorismo da política. O público ia ao teatro ávido para extravasar aquela situação deprimente do país. Não tenho dúvidas de que o surgimento do Secos & Molhados abalou as estruturas de um país careta, reprimido, foi uma reação a toda aquela repressão.

No último dia da apresentação do Secos & Molhados, em São Paulo, eu amarrei um couro inteiro de jacaré nas costas, com aquele rabo enorme arrastando no chão, e a dona do teatro, Ruth Escobar, ficou horrorizada. Ela dizia que não queria um bando de maconheiros no seu teatro. Depois saímos do Ruth Escobar para o Teatro Itália, que também ficava lotado e não conseguia comportar a multidão que queria assistir ao show do grupo. Aos poucos, as pessoas estavam discutindo comportamento e roupa, tentando entender como e por que agíamos daquela forma no palco.

Para o figurino, mandei fazer uma calça de cetim branca e comprei uma grinalda de noiva para colocar na cabeça, com flores. Com o passar do tempo, o grupo de colegas do teatro foi me trazendo trapos, estrelas, broches, pedaços de pele, tudo para compor o figurino. A purpurina, para passar no corpo, quem me trouxe foi a Maria Alice, companheira do Paulinho Mendonça, que compôs com o João Ricardo um dos maiores sucessos do grupo, "Sangue latino". Por uma questão de privacidade, para me permitir agir e criar em cena com a liberdade que eu desejava, resolvi criar uma maquiagem inspirada no *kabuki*, o teatro tradicional japonês, com a diferença que era preto e branco. A personagem que criei me permitia liberdade para contestar aquela realidade opressora que vivenciávamos na ditadura, sem perder a privacidade. Não queria ser reconhecido, então só permiti que me fotografassem sem maquiagem muito tempo depois, quando percebi que o público me reconhecia fora do palco, de olho nu.

O empresário Moracy do Val começou a batalhar a gravação do primeiro LP com a Continental, que prensou mil discos. As músicas, como "Primavera nos dentes" e "Assim assado", faziam críticas profundas à ditadura militar. A gravadora esperava vender os discos em um ano, acabou vendendo tudo em uma semana. Em 1973 vendemos mais de 1 milhão de discos. O Secos & Molhados tornou-se um fenômeno da música popular brasileira, e logo saímos dos shows na apertada Casa de Badalação e Tédio para uma turnê nacional com espetáculos em grandes ginásios, e ultrapassamos a vendagem de 1 milhão de discos. Vendemos mais que o Roberto Carlos. A demanda pelo disco foi tão grande que a gravadora Continental teve que derreter LPs encalhados para fabricar mais vinis. Nós fizemos apresentações no *Programa do Chacrinha*, onde recebemos os discos de ouro, prata e diamante.

Foi nessa hora, quando começou a entrar dinheiro, que acabou o romantismo e a situação acabou se tornando insustentável. Moracy recebeu diversas propostas para levar o Secos & Molhados para os Estados Unidos e a Europa. Ele chegou depois que já estávamos em temporada na Casa da Badalação e Tédio, e foi o responsável por nos levar para gravar na Continental. Garantiu que, se não nos gravassem, iriam perder o grupo para outra gravadora. Antes disso, mandávamos nossas fitas com as músicas e as gravadoras nem ouviam, sequer retornavam.

Quando a Continental nos convidou para gravar, em dezembro de 1972, já estávamos com o repertório bem afiado, pois ensaiávamos muito. Triste é que muito foi cortado pela censura, músicas lindas foram proibidas, como "Tem gente com fome" e "Pasárgada" – esta inspirada no poema "Vou-me embora pra Pasárgada", do Manuel Bandeira. Censuraram alegando que o poema fazia apologia às drogas, por conta do verso "Pasárgada tinha alcalóide à vontade".

O grupo tinha muita poesia, não somente nas letras das músicas, ou nos poemas musicados, mas na forma de intervir, de se colocar no mundo, de trazer um estranhamento ao olhar que está atento.

Com João Ricardo no violão, ensaiando num pequeno quarto de hotel em Belo Horizonte, em 1973.

Ao longo de um ano, antes da estreia do Secos & Molhados, estávamos sempre ensaiando em São Paulo. Na minha casa, na casa de João muitas vezes, em qualquer lugar que desse.

Além de Gerson (de costas), João e eu, o Secos & Molhados era formado pela banda com o baterista Marcelo Frias, o guitarrista John Flavin, o baixista Willy Verdaguer, o flautista Sérgio Rosadas, o tecladista Emilio Carrera e o violonista Jorge Omar.

O Secos & Molhados recorria aos poemas já existentes porque seria mais difícil censurar algo publicado. A poesia se estendia a outras, nas canções, na apresentação, e também na capa do disco, que foi revolucionária: cabeças decepadas servidas com arroz e feijão, pão e manteiga. O João Ricardo trouxe a ideia, depois de ver um ensaio do fotógrafo Antônio Carlos Rodrigues; eu achei genial, pois remetia a São João Batista. Nós fizemos a foto em São Paulo, numa noite muito gelada. Era uma mesa com buracos, eu estava em cima de dois tijolos, e nós três – eu, João Ricardo e Gerson Conrad – estávamos agachados. Ao nosso lado, um quarto elemento, o talentoso baterista Marcelo Frias.

Com o sucesso do grupo, os componentes me chamaram para uma reunião com eles e o empresário, para me dar uma enquadrada por conta do meu jeito de ser. Diziam que eu não podia me comportar requebrando no palco porque todos estavam nos rotulando como "um grupo de homossexuais". Pelos militares éramos chamados "viados comunistas", era tão ridículo. Não esqueço do João e do Gerson, preocupadíssimos com esses comentários sobre o "grupo de bichas", pedindo para eu me "controlar". Eu disse simplesmente que eles dissessem que não eram – eu iria continuar me comportando do mesmo jeito, pois o acordo era o meu direito de me expressar livremente.

Se eles não estavam gostando, que colocassem outro em meu lugar. Imagine, desde os 17 anos, quando sai de casa por contestar a autoridade de meu pai, sempre fui dono do meu nariz. Não estava nem um pouco preocupado com o que estavam pensando de mim, não ia mudar meu comportamento de maneira nenhuma. O João Ricardo, que, em princípio, queria se vestir de guerrilheiro, rapidamente também começou a se pintar e se vestir de forma andrógina, ao perceber que aquilo que criticara tinha um apelo publicitário.

Bem no início do Secos & Molhados, em São Paulo, eu estava cantando "Rosa de Hiroshima", e a plateia começou a fazer um coro: "Viado! Viado!". Eu parei de cantar e esperei um tempo, mas o coro de vaias e xingamentos só aumentava. Então fiz uma pose bem linda e esperei um pouco mais. Nada. Foram uns 15 minutos e eu lá, parado, ouvindo milhares de pessoas me chamarem de viado, de filho da puta. Aí peguei o microfone e gritei: "Vão tomar no cu". Houve um silêncio, e eles começaram a aplaudir. Entendi ali que não podia ter medo deles, tinha que reagir, não baixar a cabeça para aquele bando de conservadores covardes. Em outra apresentação, em Brasília, o ministro de Minas e Energia da época estava na plateia com a família e mandou parar o show porque a mulher e a sogra ficaram ofendidas por eu estar no palco me requebrando sem camisa, com o peito cabeludo à mostra. É óbvio que isso não ocorreu, permaneci como estava, e após um tempo de espera voltamos a cantar. A caretice e a hipocrisia de sempre tentando censurar as artes em defesa da família, da moral e dos bons costumes, nada muito diferente do que temos testemunhado no Brasil de hoje.

Os adultos viam sexualidade nos Secos & Molhados, mas as crianças adoravam, sem dúvida elas foram nosso salvo-conduto, foram nosso escudo contra a ditadura. Para as crianças, a gente era um desenho animado, seres engraçados, dançantes e cantantes. Mas me contaram de pais que desligavam a televisão quando a gente aparecia, e até de casos de crianças que apanharam porque me imitavam. Ainda hoje sei que as crianças gostam de ouvir minhas músicas, ficam encantadas. Recentemente, uma menininha linda chamada Maria Helena, de Belém, pediu aos pais que eu fosse o tema de sua festa de aniversário, pois ela amava assistir o clipe dos Secos & Molhados. Parece que a paixão dela vem de berço, os pais costumavam niná-la com minhas músicas — as favoritas dela eram "Poema", "Homem com H" e "O vira". Estou falando de uma criança de 5 anos, fiquei emocionado, parabenizei pelo Instagram e postei a foto dela. Nos anos 1970 era a mesma coisa, as crianças e os adolescentes, principalmente as crianças, não viam nada de sexual nos espetáculos. A sexualidade está no olhar dos adultos, elas não se espantam com a nudez. "O vira", por exemplo, nunca teve uma conotação sexual para mim, pelo contrário, é apenas uma brincadeira. Quando compôs a letra com João, a Luhli nos trouxe o universo das fadas, dos sacis, dos lobisomens. Sempre entendi essa canção como uma música para crianças, e penso que na verdade foi essa música, que se tornou um sucesso, o que mais cativou o universo infantil, e nos tornou conhecidos em todo o Brasil.

A Luhli foi ao Amazonas, num igarapé, e lá no meio da mata ouviu "O vira" num radinho de pilha. Nós chegamos a gravar "O vira" e "Rosa de Hiroshima" para um clipe no *Fantástico*, e a ordem no estúdio da TV Globo era que não podíamos olhar para às câmeras. Eu olhava para a câmera e vinha alguém dizer que era proibido olhar para a câmera. Simplesmente disse: eu vou olhar. Eles eram espertos, nós podíamos ser vistos pelas pessoas em casa, mas não podíamos nos comunicar com elas.

Depois a imprensa começou a falar que éramos "andróginos". Eu nem fazia ideia o que significava essa palavra. Andrógino? O que é isso? Gostei quando descobri que o significado carregava características do masculino e do feminino, pois não era nem uma coisa nem outra. A partir desse rótulo, começaram a me comparar com David Bowie, uma maluquice, pois eu nem o conhecia. Tentavam me enquadrar, me colocar num escaninho, mas era difícil. Não queria ser vinculado ao feminino, queria ser um homem, gosto de ser homem, sempre gostei. Nunca houve limite para mim entre um gesto de homem e um gesto de mulher. Gosto de ser híbrido, uma espécie de bicho, inseto, ave. Sempre tive essa coisa misturada, brasileira, selvagem, latino-americana. Esse sou eu, gosto de ser híbrido assim.

Algum tempo depois, chegamos a fazer uma turnê do Secos & Molhados no México, onde participamos de um programa de televisão dominical. Havia saído uma matéria com o Secos & Molhados, e os produtores mexicanos me disseram que empresários americanos gostariam de me conhecer, queriam que eu saísse do grupo para acompanhá-los numa possível carreira internacional. Alegavam que o Secos & Molhados era uma banda boa, mas o som precisava ser mais pesado.

Eu disse: não quero. Falei que não tinha nenhuma pretensão de sair do grupo nem do Brasil. Não queria ser a Carmen Miranda, que acabou rejeitada no seu país. Mas, não por acaso, após o surgimento do Secos & Molhados, surgiu o Kiss, um grupo de *heavy metal* em que os integrantes pintavam o rosto em estilo semelhante ao nosso. Nós nos lançamos em 1973 e eles foram lançados em 1974 – disseram que nós imitávamos o Kiss, mas era ao contrário.

A apoteose do Secos & Molhados foi a apresentação no Maracanãzinho, a consagração do grupo, com 25 mil pessoas assistindo, gritando, pulando e cantando. Era uma loucura, o Secos & Molhados foi um fenômeno. Logo depois fomos gravar o segundo e último disco; nesse período a situação entre nós já não estava nada bem. Eu, mesmo estando no meu limite, me comprometi a não divulgar minha saída para não prejudicar o lançamento do álbum. Durante a gravação já estava tudo muito torto. Exatamente na semana em que saiu o segundo LP o Secos & Molhados acabou. Em agosto de 1974, eu oficializei a minha saída do grupo. Apesar da gravação do disco ter sido realizada num momento muito delicado para os integrantes do grupo, eu gosto muito do segundo álbum do Secos & Molhados, sinto orgulho de tudo que realizamos.

O sonho começou a acabar quando entrou dinheiro. Todos os acordos foram descombinados, a dissolução do grupo ocorreu com a saída de Moracy do Val e a pressão de João Ricardo para que aceitássemos o pai dele como empresário. Quando isso aconteceu, nos colocaram apenas como empregados, e o grupo acabou. Havíamos acertado que toda a renda seria dividida igualmente entre os três, o que não ocorreu. Eu nunca coloquei o dinheiro em primeiro plano na vida, muito pelo contrário, sempre acreditei que a grana era responsável pelo comportamento mesquinho das pessoas. Sabe qual foi minha primeira extravagância quando estourei com o Secos & Molhados? Aluguei um pequeno sobrado na Rua Fernando de Albuquerque, em São Paulo, e convidei todos os meus amigos que moravam em Brasília para morar comigo, bancando todo mundo.

No camarim do Maracanãzinho, ao lado de João e Gerson, na preparação do show histórico, que reuniu mais de 25 mil pessoas dentro e fora do estádio.

Na época dos ensaios do Secos & Molhados, em São Paulo, em 1972.

Preparados para entrar em cena. Para compor minha maquiagem, eu me inspirava nas máscaras do kabuki japonês.

Entre Gerson, sentado à esquerda, com violão, e João Ricardo, em pé à direita, num estúdio em São Paulo, 1973.

Na página anterior, a capa que ficaria famosa do primeiro disco do Secos & Molhados, criada pelo fotógrafo Antonio Carlos Rodrigues. Para fazer a foto, passamos uma madrugada sentados em tijolos debaixo da mesa, feita de compensado para abrirmos buracos, por onde entrariam as nossas cabeças.
Ao lado, no camarim durante a temporada de shows da banda.

Foto da capa do segundo e último disco do Secos & Molhados, lançado em 1974.

Ensaio com figurino do Secos & Molhados na praia de Arembepe, na Bahia, em foto de Ary Brandi, que também registrou a imagem da página ao lado, no último show da banda, em 1974.

Logo após o término do Secos & Molhados, continuei como antes: sem nenhum dinheiro. No momento da separação, ficou uma coisa assim meio conturbada. Guardo apenas o lado bom da história, que foi o que me lançou nesse mundo. O João me perguntava: "Vai voltar para o Mato Grosso e criar galinhas?" Escutava aquela provocação, me fazia de bobo e respondia: "Sim, vou criar galinhas..." Logo depois da minha saída, em março de 1975, lancei meu primeiro disco de carreira solo. Apesar de não faltarem oportunidades para desenvolver uma carreira internacional, nunca me interessei pelo projeto. É bom que eu repita o que venho dizendo há décadas: não tenho nenhum sentimento negativo, ou ressentimento, em relação ao João Ricardo. Pelo contrário, sou muito grato ao Secos & Molhados e a ele. A palavra que resume minha história com o grupo é gratidão. Foi uma experiência que me trouxe muitos ensinamentos, o maior foi a compreensão de que era um artista de verdade, um cantor.

É claro que enche o saco quando ficam perguntando por que acabou o Secos & Molhados, mais de quarenta anos depois. Mas eu compreendo, de fato o grupo foi um fenômeno. Foi um privilégio surgir na música brasileira através do Secos & Molhados, mas não quero voltar ao passado. Já recebi propostas para voltar com o grupo e disse não, mais de uma vez. O que desejo fazer? Seguir minha vida, fazer meus shows e viver a minha história.

Quando surgiu o Secos & Molhados, na década de 1970, vivíamos num país muito conservador, machista – não muito diferente do que vivenciamos hoje, talvez hoje ainda seja pior –, então nós causávamos incômodo e estranheza com a carga de transgressão através da questão sexual, do comportamento. Tínhamos consciência de que vivíamos num país careta, submetido a uma ditadura militar agressiva e nojenta. Recebi inúmeras ameaças de morte, mas nunca me intimidei. Minha arma era a libido. Sempre fui muito recatado, mas descobri que, com aquela maquiagem, liberava um lado meu mais agressivo, contestador. O que eu fazia era para chocar e questionar. Já entrava no palco com tanta raiva que não havia espaço para me agredirem, eu agredia primeiro. Enfim, hoje não é muito diferente. No atual momento do país, com o crescimento da bestialidade do conservadorismo, penso que um grupo como o Secos & Molhados apanharia na rua.

Na época da ditadura, durante os shows do Secos & Molhados, era ostensiva a presença da polícia.

Ensaio para a capa de *Água do Céu – Pássaro*, que fiz com o fotógrafo Luiz Fernando, num banco de areia na baía de Sepetiba, em 1975. Estávamos acompanhados pelo artista Rubens Gerchman, que assinou a capa desse meu primeiro álbum solo.

4
INCLASSIFICÁVEIS

EVOÉ
E VOE

PEDRO LAGO
CORTEJO (2015)

Não sou uma pessoa que chora por qualquer coisa, poucas vezes na minha vida chorei. Conto nos dedos esses momentos. Acredito que seja bom chorar, liberar a emoção, mas não choro por qualquer coisa, definitivamente. Sou intuitivo, sempre fui muito ligado à intuição. Mas a emoção não me comanda o tempo inteiro, raramente eu perco o controle. Penso que pode se conseguir o que se quer no diálogo, sem choro, grito ou discussão. Minha trajetória artística é muito pautada nesses preceitos, e além de tudo o silêncio é muito importante em minha vida. O silêncio alimenta minha criatividade, com ele fico aberto para que as ideias possam chegar com tranquilidade, de repente. Em meio a esse mundo maluco, necessito do silêncio para criar e ficar em paz. Só não enlouqueci com a violência que carregava dentro de mim porque a arte me resgatou e me trouxe vida e dignidade. O meu fantasma era a loucura, tinha medo de ficar louco de verdade. Quando me tornei um artista, peguei aquela violência estranha que eu carregava e coloquei toda na minha arte. Não à toa, nos meus primeiros shows exercitava o confronto: um homem nu, de voz aguda, requebrando no palco, num país em plena ditadura militar.

Durante um tempo, no início da minha carreira principalmente, pensei que fosse esquizofrênico, que tinha dupla personalidade. Quando olhava fotos do tempo do Secos & Molhados, realmente me espantava: esse ser sou eu? Hoje em dia, não penso mais isso, tomei consciência do que sou e do que quero fazer no palco. Aquela é a minha persona artística. E o palco é o lugar onde defendo a liberdade, um espaço que conquistei com muito trabalho e suor para exercitar plenamente minha liberdade. O disco é apenas o pretexto para estar no palco, não sou um artista que vive de venda de disco. Pergunto: hoje em dia, quem vive de direitos autorais*? Vivo do palco, dos shows, que sempre foram minha prioridade. Essa relação louca com a indústria do disco e as novas tecnologias não me afeta, pois me interessa estar no palco com meus shows e me apresentando para meu público fiel. Não faço a menor questão de aparecer fora do palco, já sou observado o suficiente em cima dele, fico satisfeito com essa exposição.

    É no palco que resolvo todas as minhas questões, principalmente aquelas ligadas ao ego, não canto para me exibir nem para os homens nem para as mulheres. Ofereço uma provocação, estou ali completamente livre. Fico satisfeito quando as pessoas se libertam, só não precisa me agarrar, pois não é algo que me deixa feliz. Passei a compreender meus limites, o que posso ou não fazer num show. A arte foi uma grande libertação para alguém que tinha vergonha das mãos e dos pés, de tirar a camisa na frente dos outros. Não há dúvida de que funciono muito melhor no calor do palco do que no frio do estúdio, pois a troca de que necessito é com o público, que me estimula a seguir minha vida. Tenho consciência de que o palco pode nos colocar nas alturas como pode nos derrubar, por isso cultivo profundo respeito por esse espaço onde ocorre um rito sagrado. Faço magia quando canto, me abro para que energias positivas de todas as cores entrem pelo alto de minha cabeça e se esparramem pela multidão. É o lugar onde permito me transformar num ser híbrido: homem, mulher, inseto, felino, ave... Desde o início da minha trajetória, jornalistas e críticos me retratam como um ser híbrido.

    Tudo o que me interessa está presente no momento em que estou em cima do palco; sou um personagem criado por mim mesmo. Nas primeiras

---

* A venda de suportes físicos para música, como LPs e CDs, caiu no nível global, prejudicando diretamente o recolhimento de direitos autorais dos artistas. O declínio do setor fonográfico nos últimos anos é causado, principalmente, pela acelerada transição para formatos digitais mais baratos do que o disco, além da pirataria crescente em diversos países.

críticas que recebi do meu trabalho pontuavam que eu reunia os opostos: a fúria de um felino e a leveza de um pássaro. Gosto dessa ideia de reunir os opostos, confundir as classificações e diluir os rótulos. Com a experiência adquirida na estrada, entendi que há trabalhos em que eu sou mais personagem. Compreendi também que a máscara que criei, ainda no Secos & Molhados, foi o que me fez acessar a coragem que estava escondida dentro de mim, e assim seguir adiante. Criei intencionalmente essa persona artística por ouvir falar que artista não podia andar na rua livremente, por isso a máscara para me proteger. Eu ouvia dizer que artistas não tinham vida particular. Como assim? Eu não ia poder mais andar na rua? Fiz aquela máscara para proteger a minha identidade, funcionou por muito tempo. Eu tinha apenas 31 anos quando aconteceu o Secos & Molhados, a última coisa que eu queria perder era o direito de andar na rua. Quando ia à praia, ficava entre as pessoas, ouvindo comentários sobre "aquele homem que se requebra todo no palco", era engraçado. Durante muito tempo eu não permiti que me fotografassem sem a máscara, para preservar meu direito de andar livremente como qualquer pessoa. Toda a indumentária usada por mim em minhas apresentações, além do ato de pintar todo o rosto com cores fortes, mascaravam a pessoa por trás daquele personagem.

Foi assim que desenvolvi minha persona artística, até então eu ficava muito nervoso. Antes de subir no palco sinto frio na barriga, suo frio. Tenho que ficar com uma toalhinha secando a mão, a Luhli me sacaneava por causa desse suador nas mãos. Um suor de nervoso, estranhíssimo. A primeira vez que me apresentei com a cara totalmente limpa, após o sucesso do Secos & Molhados, foi no ano de 1986, no Copacabana Palace, no projeto *À Luz do Solo*. Eu fiquei tão nervoso, mas tão nervoso, que me deu uma tremedeira horrorosa. Parei o show para me acalmar e respirar, pois se eu tentasse esconder o desconforto seria um desastre, avisei as pessoas do meu nervosismo e elas acharam graça que eu estivesse me sentindo um ET de terno. Depois de confessar minha fraqueza para a plateia, consegui relaxar e voltar a cantar com segurança. Acredito que só consegui reunir o homem e o artista no palco – sendo de verdade mais amoroso – com o show *Pescador de*

Pérolas, que pacificou a minha agressividade contra os acontecimentos que ocorriam em nosso país.

Nunca me iludi com a fama, em nenhum momento da minha carreira, nem acreditei ser uma pessoa mais importante por estar famoso. Sempre enxerguei o sucesso como algo transitório, felizmente eu estava com maturidade quando ele chegou com tudo. Desde o início, nunca me deslumbrei, mantive as orelhas em pé, os olhos muito bem abertos e a mente livre. Também nunca coloquei o dinheiro em primeiro plano na minha vida, em nenhum momento; até hoje busco a simplicidade e a verdade como princípios norteadores.

Não me comporto como uma diva, nem possuo um ritual específico para pisar no palco, preciso apenas estar sozinho um determinado tempo. Começo a me arrumar, me maquiar, vestir o figurino, e depois de pronto fico atrás do palco um pouco, percebendo a energia da plateia. O que me importa no palco, e na vida de forma geral, é a relação de troca com o outro. Penso que tem a ver com minha formação pessoal e artística, com tudo que passei em minha vida, na infância, na adolescência, na juventude, em toda experiência que tive até me tornar uma pessoa pública. Sempre busquei ser honesto comigo e com o outro, a verdade é algo que prezo com muito valor.

Minha formação artística começou com o rádio, nas décadas de 1940 e 1950, a famosa Era de Ouro da Música Brasileira*, que reinava no lugar da televisão. No meu tempo de criança não havia TV, o que fez com que a palavra cantada tivesse ainda mais força em minha vida. Tenho total consciência de que a palavra cantada é viva e gera um universo em quem

---

* O período de 1930 até por volta de 1945 é chamado de a Era de Ouro da Música Brasileira. Nesses 15 anos o panorama musical é caracterizado pelo domínio de músicas regionais, arranjos mais complexos, ascensão do samba para além do mundo periférico, como também estilos mais populares. São desse período sucessos atemporais como "Carinhoso", "Rancho fundo", "O teu cabelo não nega", entre tantas outras canções. O rádio era o principal veículo de massa que atingia todas as classes sociais da população. A cantora Araci de Almeida, o violinista Josué de Barros, Carmen Miranda são notáveis artistas desse período. A Era de Ouro chega ao fim com o aumento considerável da música estrangeira, sobretudo jazz, bolero e rock and roll, como também o advento da televisão e a influência da indústria cultural americana no final da Segunda Guerra Mundial.

ouve, recria a realidade. Foi justamente essa palavra cantada, ouvida no rádio, que me tocou desde a primeira vez: Nelson Gonçalves, Orlando Silva, Linda e Dircinha Batista, Angela Maria, Isaurinha Garcia e Francisco Alves. Depois tive a influência forte do teatro, dos musicais. Antes de cantar profissionalmente, de estrear com o Secos & Molhados, eu já havia feito três peças musicais nas quais, além de atuar, cantava, dançava e me caracterizava. Inicialmente queria ser ator, mas acabei me tornando um cantor que atua e dança no palco. Trago essa experiência do teatro comigo, até hoje percebo a relevância dessa formação nas minhas escolhas, sempre fui ligado à estética em todo meu trabalho. O cinema me chamou muita atenção pela questão estética, me seduzia todo aquele mistério da imagem. Por isso, em cada show, invisto atenção na estética, do canto ao figurino e da iluminação ao movimento. Não tenho dúvida de que a arte salvou minha vida, a arte salva e deveria fazer parte dos currículos de todas as profissões. Com a arte presente em nosso cotidiano seríamos seres humanos menos violentos.

Na recepção dos hotéis preencho as fichas de hóspede assim: artista. Não escrevo cantor, pois não quero me limitar. Verdadeiramente, me considero um intérprete, um artista do canto, da palavra cantada. E não sou compositor, já escrevi algumas composições, tenho uma letra com o Leoni*, outra com o Paulo Ricardo**, mas penso que compor não é

---

* "Ninguém mais faz o que eu faço por você / Meus olhos já são seus e só você não vê / Meus beijos têm o gosto das dívidas de amor / Pense em mim pra sempre, me faça esse favor // Na hora em que eu morrer, me beija amor, me beija / Não pense nessa dor / Que eu deixo em sua boca o último desejo / O último suspiro e todo o meu amor // Aceite sempre tudo, qualquer dos meus presentes / Ah, eu me esforço tanto, que todo mundo sente / Você perdeu o rumo em algum lugar da casa / Mas fica calma, eu juro, lá fora não há nada // Na hora em que eu morrer, me beija amor, me beija / Não pense nessa dor / Que eu deixo em sua boca o último desejo." "Dívida de amor", de Ney Matogrosso e Leoni, do álbum *Bugre* (1986).

** "Engraçado / Parece que te conheço / Hum, agora me lembro, chovia / E nos encontramos / Sobre marquise de um bar // A noite e o frio / Nos aproximaram / Pedi um cigarro / Você o acendeu / Com um fogo no olhar / Procuramos um lugar / Mais escuro / E nos amamos // Vejo que também lembra / Foi bom, não foi? / Nos separamos / Mesmo não querendo / Foi um momento lindo! / Como é mesmo o seu nome? // Que é você? Quem é você? / Que me olha? / E esse olhar me inunda / Ouço uma voz, ouço sua voz / Mas sua boca não se move / Telepatia // Seus olhos, molhados / Me prendem / Não consigo fugir / Dessa vertigem / Que se apossa de mim, ô / Que se apossa de mim, ô, ô / De mim, que se apossa de mim", "Vertigem", de Ney Matogrosso, Luiz Schiavon e Paulo Ricardo, do álbum *Bugre* (1986).

o meu dom. A Luhli* também já musicou poemas que escrevi no início de minha carreira, mas não levo em consideração para me intitular compositor. O fato de ser simplesmente intérprete, ofício que amo, me permite uma liberdade maior para pesquisar e buscar músicas novas e antigas, a todo instante estou revisitando a história da música brasileira. É uma alegria imensa encontrar uma música e descobrir a melhor forma de cantá-la. Sou cantor, a minha alma canta. E se encontro alguém que está em sintonia com meu canto, não tenho problemas em dividir o palco.

Compartilhar o ato de cantar é muita intimidade, troca de energia; só divido o palco com outro músico quando a afinidade é verdadeira. Não tenho nenhuma dificuldade de trabalhar com outros artistas, a única exigência é que deve existir química, a magia tem de acontecer. Já realizei trabalhos belíssimos com Raphael Rabello e Pedro Luís, por exemplo. Com o Raphael Rabello vivenciei momentos muito especiais no show *À Flor da Pele*, no sentido de alcançar algo sublime na música. Nós tínhamos uma relação artística muito bonita, sempre doávamos o melhor que acessávamos um ao outro, inesquecível. Quando divido o palco com Pedro Luís, também foi muito estimulante, me sentia renovado pela troca com ele e A Parede. Sempre me permito estar aberto à troca com o outro, se não for assim, prefiro não fazer. De modo geral, sempre me senti bem quando optei por esse diálogo, é bom para ambos, é muita energia em circulação. Ao longo desse tempo, fiz mais de trinta performances com outros artistas, como Emilinha Borba, Nelson Gonçalves, Moreira da Silva, João Gilberto e Elza Soares. Esses duetos estão gravados, alguns registros entraram no documentário *Olho nu*, mas ainda há muitas horas inéditas desse material que foi garimpado pela produção do filme.

Falar de *Pescador de Pérolas* e de *À Flor da Pele* me faz lembrar da temporada do disco anterior, *Bugre*, em 1986. Definitivamente eu não estava feliz com o trabalho, por isso quando estávamos há um mês da estreia decidi cancelar o show, deixando para trás os ensaios,

---

* As cantoras e compositoras Luhli e Lucina no show *Viola e Tambores*, que estreou no Teatro Lira Paulistana, em São Paulo, no projeto *Cantoras de Maio*, no ano de 1983, musicaram poemas de Ney Matogrosso, entre eles os versos de "Amar e cantar". A canção não foi gravada em disco.

banda, iluminação, todo o investimento. A imprensa dizia que eu estava surtado, mas eu continuava muito firme com a minha decisão, não repetir o que havia feito nos trabalhos anteriores. Foi crescendo dentro de mim o imenso desejo de fazer algo diferente, após a apresentação com o pianista Arthur Moreira Lima e Raphael Rabello, no projeto *À Luz do Solo*, no Golden Room do Copacabana Palace. Pela primeira vez, eu apareceria ao lado de músicos geniais de rosto nu, sem maquiagem e figurino. Fiquei inseguro na estreia, me sentindo um ET, mas logo aquela insegurança foi se transformando numa força de criar algo com uma estética complemente diferente do que eu já havia feito na minha vida.

    Foi por aquela experiência magnífica que decidi cancelar o *Bugre* – eu não estava maluco como afirmavam – e criar o *Pescador de Pérolas* com Arthur Moreira Lima, Chacal, Paulo Moura e Raphael Rabello. A crítica estranhou tanto minha transformação na carreira que decidiu classificar o show de "recital, com chá e torradas". Devem ter sentido falta dos meus rebolados e dos figurinos com plumas e paetês. Sinto muito. Só faço o que acredito, trabalho acima de tudo com respeito à minha verdade. Eles não entenderam ou simplesmente não tiveram a sensibilidade de perceber que eu estava me reinventando, propondo a mim mesmo um enorme desafio, diante de músicos tão extraordinários. Assim, após o sucesso de *Pescador de Pérolas*, lancei o disco *Quem Não Vive Tem Medo da Morte*, e estreei com um show performático, *Ney Matogrosso Ao Vivo*, com todos os rebolados e paetês de que o público e a crítica estavam saudosos.

    Vale lembrar que nessa época as gravadoras ainda interferiam e exigiam um show/disco por ano, mesmo que eu não quisesse. Eu estava muito cansado daquela máquina de exigências do showbizz, por mais que eu batesse o pé e apontasse para onde gostaria de caminhar. Foi então, ao decidir caminhar devagar para rever meu caminho, que surgiu uma oportunidade de fazer um show simples em Goiânia, com apenas um instrumentista, e convidei o Raphael – ele me deixava mais seguro para pirar com meu canto. Foi uma experiência inesperada e gratificante, decidimos o repertório juntos, havia uma afinidade artística impressionante. Assim foi que nasceu *À Flor da Pele*, uma das temporadas mais longas, só perdendo para o *Atento aos Sinais*. O LP de *À Flor da Pele* vendeu mais de 650 mil exemplares, um sucesso estrondoso. Curioso que, apesar da química intensa no palco, não misturávamos a vida com a arte. Éramos muito amigos, mas acabava o show e cada um ia para seu canto, respeitávamos muito o espaço um do outro.

Raphael Rabello era um músico imenso, faz uma grande falta. Felizmente Lucas Nobile lançou uma biografia* capaz de evocar a grandiosidade do talento dele. É lamentável que Raphael tenha partido tão jovem, imagino como estaria tocando hoje. Em 1991, aos 29 anos, ele fez um exame de HIV e o resultado foi positivo. Quando me contou, fiquei muito triste, incentivei que ele refizesse o teste, ainda mais naquele momento em que o tratamento era muito agressivo e as pessoas morriam em menos de um ano. Não foi o caso dele, que acabou morrendo por outro motivo. Raphael me disse que não chegaria aos 33 anos, ele repetia essa premonição aos amigos mais próximos desde muito jovem. Penso que, de alguma maneira, ele tinha consciência da brevidade de sua passagem entre nós.

Em paralelo à grande realização profissional do *À Flor da Pele*, eu vivia momentos muito difíceis, como lidar com a notícia da doença do Raphael. E, para além disso, na minha intimidade a realidade era ainda mais triste, Marco de Maria, o meu companheiro, estava hospitalizado em casa, morrendo de aids. Essa situação se agravava com o contexto político complicado do governo Collor** e sua economia a saquear o povo brasileiro,

---

* *Raphael Rabello – o violão em erupção* (Editora 34, 2018), de Lucas Nobile.
** O governo Collor foi o primeiro da chamada "Nova República", inaugurada com a promulgação da Constituição de 1988. Fernando Collor de Mello foi o primeiro presidente a ser eleito por voto direto depois do regime militar. Quando Collor tomou posse, em março de 1989, anunciou uma série de medidas na tentativa de estabilizar a economia nacional, que se encontrava completamente abalada, com taxas de inflação que chegavam a marcar 1.764% ao ano.
Deu início ao Plano Collor, que alterou a moeda de cruzado novo para cruzeiro como moeda nacional, ordenou o bloqueio por dezoito meses dos depósitos em contas correntes e contas poupanças que ultrapassassem os 50.000 cruzados. Congelou os preços e salários, deu fim aos subsídios e incentivos fiscais. Nesse período o país passava por uma enorme recessão econômica, o que agravava ainda mais os problemas sociais da população na época. A forma exagerada e

Com Raphael Rabello, músico genial, que conheci quando fiz o show *Pescador de Pérolas*; depois, fizemos juntos *À Flor da Pele*.

Com as amigas Luhli e Lucina. Foi Luhli, a que está no centro, quem me apresentou ao João Ricardo, e foi ela também quem escreveu as letras de "O Vira", "Fala", "Bandoleiro", "Êta nóis", entre outros sucessos de minha carreira. Abaixo, na assinatura do contrato da gravadora Continental, em setembro de 1974, início da minha trajetória solo.

numa época em que dinheiro não rendia. Eu tinha de comprar remédios caríssimos para o tratamento do Marco, que vinham dos Estados Unidos. Ele sobreviveu quatro anos. Eu realmente estava "à flor da pele", por isso escolhi essa expressão maior para nomear o trabalho naquele instante de emoções intensas. Foi muito delicado, pois eu não podia chorar na frente do Marco para não o desestabilizar emocionalmente. No dia da estreia de *As Aparências Enganam*, o show seguinte ao *À Flor da Pele*, antes de subir ao palco do Canecão, eu estava em casa, ao lado dele, enquanto um médico abria seu peito para colocar um cateter no coração.

Quando olho para minha trajetória sinto orgulho, pois cada etapa foi de muita dedicação, amor e trabalho. Lembro do início da carreira solo, após intenso mergulho com o Secos & Molhados, quando comecei a investigar os meus próximos passos. A apresentação do Astor Piazzolla no Municipal do Rio de Janeiro foi muito significativa nesse sentido, pois encontrei o Milton Nascimento e criei coragem para pedir uma música para ele. Na mesma noite, quando fui ao camarim cumprimentar o Piazzolla, ele me convidou para gravar duas músicas. Fiquei surpreso ao ver que o Piazzolla, nessa época famoso pela sua impaciência, demonstrou conhecer meu trabalho. Eu havia acabado de abandonar o Secos & Molhados e ele disse que lembrava do meu timbre agudo. Em novembro de 1974 gravamos juntos. Apresentei essa experiência no meu primeiro show solo, *Homem de Neanderthal*, registrado no LP *Água do Céu – Pássaro* e produzido por outro argentino, Billy Bond, um disco com uma sonoridade experimental, cheio de silêncios, cantos de pássaros, sons da floresta e das águas. Nesse LP incluí "As ilhas", poema de Geraldo Carneiro para a música do Piazzolla, e também "1964 II" – essa última censurada pela ditadura. Uma pena, pois essa canção não se referia à política do Brasil, era parceria belíssima entre Piazzolla e o escritor

---

autoritária como o sistema econômico era administrado foi o grande pecado desse governo, que mesmo com mudanças tão drásticas impostas à nação não conseguiu diminuir a inflação nem muito menos estabilizar a economia. O Produto Interno Bruto (PIB) caiu cerca de 6% só nos primeiros meses do seu governo. No ano de 1992 Collor sofreu um *impeachment*, acusado de um gigantesco esquema de corrupção envolvendo boa parte de sua equipe de ministros.

Gravando em Milão com Astor Piazzolla, acompanhado de sua esposa Amelita Baltar e de Moracy do Val, em novembro de 1974.

Com Milton Nascimento, no camarim do Theatro Municipal do Rio de Janeiro, depois da apresentação do Piazzolla.

Jorge Luis Borges. A música "As ilhas" depois fez parte do meu repertório do *Beijo Bandido*, tenho prazer enorme em cantá-la.

Assim comecei a trabalhar minha identidade artística num trabalho solo, buscando sempre ouvir minha intuição. Trabalhei com quem eu realmente quis, só abri concessão no meu trabalho para o produtor Marco Mazzola, por confiança no profissional que ele sempre foi. Depois dele, não abri concessão para mais ninguém, sempre quis conduzir meu trabalho com autonomia, sendo responsável pelas minhas escolhas. Não tenho intenção de agradar a uma gravadora, meu termômetro artístico é o público e minha intuição é meu guia. Quando gravei a canção "Homem com H", segui minha intuição e acabei criando um dos maiores sucessos de minha carreira. Não sabia como seria cantar um forró, apesar de gostar da letra, mas fui lá e cantei. Quem me ajudou a decidir por gravá-la foi o Gonzaguinha, ele ouviu e me disse que eu seria a única pessoa capaz de transformá-la em outra música. Outro exemplo foi quando decidi cantar "América do Sul", muito representativa da minha trajetória. Foi com essa música minha primeira apresentação individual na TV, com exibição do videoclipe no *Fantástico*, dirigido por Nilton Travesso, o primeiro videoclipe brasileiro. Nós gravamos no Recreio dos Bandeirantes e no Parque da Cidade, um dia inteiro de trabalho, sobrevoamos de helicóptero aquela região que na época era uma mata. Uma aventura, eu estava amarrado pela cintura, preso à porta do helicóptero. Esse videoclipe ganhou muitos prêmios, o que me orgulha muitíssimo.

A multiplicidade artística que me envolve – a música, o teatro, o cinema, a iluminação, o figurino e a direção – é parte de minha personalidade artística, fico atento para o momento em que posso exercitá-la com plenitude. Às vezes consigo reunir num único espetáculo a oportunidade de exercitar essas partes de uma só vez. Em outras ocasiões me permito participar de projetos que me desafiam, como dirigir ou iluminar o show de um artista que admiro, ou participar como ator de um belo filme.

Mas não tenho mais vontade de ser ator de teatro, gosto de fazer cinema. Essas oportunidades foram construídas ao longo da minha trajetória, e sou muito orgulhoso disso. Há poucos anos, por exemplo, o Zé Celso me fez um convite que me deixou superexcitado, mas infelizmente eu não pude aceitar. O Teatro Oficina iria para a Europa com uma nova versão de *As bacantes*, e ele pensou em mim para fazer a rainha, por conta do meu timbre de voz agudo. Esse trabalho de ator, no teatro, me interessaria, seria um exercício fabuloso trabalhar com o Zé Celso e o Oficina, mas tive de negar, pois há muitos projetos que ainda quero realizar com a música, não posso me afastar com exclusividade para o teatro. Eu não me sinto à vontade para abandonar a música. O trabalho como ator me instiga muito, mas acaba sendo mais fácil fazer cinema, porque o teatro solicita tanto de você quanto a música. Cantar é o que mais amo fazer na vida, por isso é a minha prioridade.

No instante em que estou pensando em um novo trabalho, muitas ideias chegam simultaneamente e aos poucos vou desenvolvendo uma a uma: figurino, cena, iluminação, repertório... Fico com a mente aberta para criar. Quando tenho a ideia de um novo figurino, por exemplo, primeiro desenho, rabisco, mesmo que eu mude tudo depois. Gosto de criar meus figurinos, a primeira calça do Secos & Molhados fui eu que fiz. Mas também gosto de trabalhar com profissionais que admiro, como Ricardo Zambeli, que fez o figurino de chifres de carneiro do *Homem de Neanderthal*, e Ocimar Versolato, que assinou muitos dos meus figurinos. Alguns deles ainda estão comigo, mas a maioria, cerca de 220 peças, doei para o Centro Universitário Senac – Santo Amaro, em São Paulo. O Milton Cunha organizou uma exposição permanente dos figurinos e adereços – peças em couro, metal, seda e outros materiais – com uma retrospectiva dos meus quarenta anos de carreira. Fiquei feliz, pois eles restauraram cada um dos figurinos, com enorme cuidado, e mantêm expostos para visitação. As pessoas associam a minha figura à moda, mas nunca pensei nisso. Lembro quando encontrei a cantora Tuca — uma cantora brasileira incrível que fez um disco lindo com a francesa Françoise Hardy, *La Question* — saindo da praia, e ela me disse: "Você é a pessoa mais chique do Brasil!", se referindo aos meus figurinos. Achei engraçado, pois chique para mim é ter liberdade. Principalmente a liberdade de escolher o trabalho que quero fazer, da forma que entendo que deve ser.

Além de cantar, gosto mesmo de fazer cinema. Adorei fazer o *Bandido da Luz Vermelha*, da Helena Ignez, diretora com quem também fiz o *Ralé*. O cinema da Helena me instiga, fiz o *Bandido* praticamente sem ensaio, ela não queria nem que eu decorasse as falas para não perder a intenção. Gosto de entrar em projetos assim, que me colocam em uma situação de desafio, de criar algo que me transforma no processo. No filme há uma cena em que apareço nu, de costas, lendo um livro, com uma vela acesa nas mãos. Não tenho nenhum problema em ficar nu, por pudor ou moral, mas hoje em dia o nu está banalizado, quando eu ficava nu era proibido.

    A minha primeira experiência no cinema, como ator, foi em 1987, no filme *Sonho de valsa*, de Ana Carolina. Depois fiz *Caramujo flor*, do Joel Pizzini, em 1988, uma obra poética filmada em 35 mm, a partir de *Gramática expositiva do chão*, um livro de poemas de Manoel de Barros, com uma colagem de fragmentos sonoros e visuais, onde divido a cena com Rubens Corrêa, Almir Sater, Aracy Balabanian e alguns sapos e caramujos. Voltei a trabalhar com Joel mais recentemente, quando ele resolveu criar o documentário *Olho nu*, a convite do Canal Brasil, através de Paulo Mendonça e André Saddy. O Canal Brasil digitalizou todo o meu acervo pessoal, mais de setecentas horas de fitas em formatos diversos: 16 mm, super-8, VHS, DVD. O Rafael Saar, com quem trabalhei depois em dois filmes – *Depois de tudo* (2008) e *Yorimatã* (2014) –, era assistente de direção e pesquisador do filme. Eles encontraram preciosidades em película, gravações até então inéditas como o show no Festival de Montreux, na Suíça. Há relíquias como os filmes em Super 8 de autoria do querido Luiz Fernando Borges, que na época filmava na intimidade dos camarins, e

O cinema sempre me seduziu pela estética, o mistério das imagens. Acima, com Zé Celso e minha amiga e diretora Helena Ignez, no filme *Ralé*, e abaixo, também dirigido por ela, em *Luz nas trevas – A volta do Bandido da Luz Vermelha*.

shows dos anos 1970, além de imagens raras do Secos & Molhados. O que me agrada muitíssimo em *Olho nu* é o fato não ser um documentário tradicional, com as pessoas dando depoimentos, se fosse assim seria muito chato. É subversivo na linguagem, no filme tem apenas o depoimento de minha mãe sobre o meu nascimento, dizendo que era magrinho, com apenas um quilo e meio. Gosto do resultado que Joel alcançou, é poético, como seu primeiro filme, apesar de ele tentar limpar minha barra e não abordar minha relação com as drogas. Uma bobagem, pois sou livre o suficiente para falar sobre qualquer assunto, sem medo ou pudor. É claro que o filme é apenas uma frestinha da minha biografia, é impossível colocar a vida de uma pessoa em pouco mais de sessenta minutos. Assim como é impossível dar conta de uma vida inteira neste livro, por exemplo, seria muita pretensão. Talvez por esse motivo eu tenha a sensação que eu me repita, não tem como ser diferente estou falando sobre a minha vida, do meu trabalho, das coisas que amo. A diferença está em quem recebe a informação, da forma como será transmitida, o conteúdo seguirá a linha da minha história e do meu pensamento. Assim como no filme procurei detalhar aspectos de minha história, aqui neste livro vasculho minhas memórias para buscar o que considero valoroso, detalhes ainda não revelados, ou uma reflexão sobre um assunto, para, então, dar luz em primeira pessoa. O que pode ser mais esmiuçado em minha vida? Sou muito transparente e verdadeiro quando falo sobre mim, optei por ser desse jeito. Sinto liberdade para conversar sobre qualquer assunto de minha história, assim como para guardar o que considero que deva ser guardado, principalmente minha intimidade.

Além do cinema, outra grande paixão da minha vida é a luz, a iluminação. Meu primeiro emprego, quando saí de Brasília e cheguei ao Rio de Janeiro, nos anos 1970, além de trabalhar como artesão, foi como iluminador. Tinha um amigo que trabalhava na Sala Cecília Meireles, e me ofereceu o trampo. O que um iluminador faz?, tive de perguntar, pois eu realmente não sabia. Quando ele disse que era para iluminar os artistas que se apresentavam naquele teatro, não tive dúvida e respondi que queria o trabalho. Foi engraçado, iluminei o Caetano Veloso, que, recém-chegado ao Rio de Janeiro, apresentou-se na Sala Cecília Meireles, num show de novos compositores. Logo ele, que foi uma influência tão importante na minha formação artística. Acredito que meu interesse pela iluminação venha da relação com a pintura, meu primeiro impulso artístico censurado pelo meu pai ainda na infância. Estou atento ao sol, observando os lugares com a claridade, o jogo de luz e sombra é algo que me impressiona.

Com o tempo passei a fazer a luz, mas não assinava, pois era um jovenzinho desconhecido. Há anos venho fazendo uma parceria bem sucedida com Juarez Farinon, um gaúcho radicado desde 1980 no Rio, que faz um trabalho belíssimo com a luz. Aprendi a trabalhar como iluminador na prática, quando fazia meus próprios shows, dava muito palpite o tempo todo. Meu estilo de luz é diferente porque tenho a visão de fora e de dentro do placo. Nos meus shows e nos trabalhos com outros artistas, a iluminação tem de estar ligada às letras das músicas, é a palavra que vai orientar a iluminação cênica. Assim comecei a fazer e assinar a iluminação dos meus trabalhos sozinho. Até que um dia o empresário Manoel Poladian, com quem trabalhei por mais de dezoito anos, queria uma banda de rock e me pediu para indicar uma. Indiquei o RPM, que na época tinha poucas músicas tocadas em rádio, e acabou se tornando o maior fenômeno do rock nacional. Então o Poladian perguntou se eu assinaria a direção e a luz. Eu nunca havia dirigido outro artista, aceitei com a condição que tivesse carta branca para fazer o que eu quisesse.

Os meninos eram tímidos, mas abertos ao diálogo, à troca, com uma vontade imensa de fazer um trabalho autoral de qualidade, bem feito. Lembro do dia em que cheguei no estúdio para ao ensaio do RPM, um calor insuportável, e fiquei surpreso de encontrá-los todos agasalhados, cobertos de roupas. A primeira coisa que fiz foi propor que tirassem a camisa, eles ficaram um pouco assustados com minha ideia, mas tiraram ainda que receosos. Costumo dizer que minha primeira contribuição com o RPM foi tirar a caretice do grupo, e mostrar a beleza e a sensualidade deles no palco enquanto cantavam. Tive muito prazer em dirigir aqueles meninos tão talentosos. O único que não aceitou minha proposta foi Luiz Schiavon, o tecladista, me olhou torto e negou o que eu estava propondo.

O Paulo Ricardo acabou virando um *sex symbol* da geração 80, ele tinha algo de estrela, um brilho que é só dele, embora fosse um pouco travadinho. Meu trabalho com o RPM foi fazer com que aqueles jovens belos e talentosos perdessem a timidez e ganhassem confiança no palco, ainda mais naquela produção caríssima que o Poladian havia preparado. Curioso é que compararam a trajetória do RPM com a do Secos & Molhados, mas não enxergo assim: a única semelhança entre as duas bandas é o fato de terem acabado no auge do sucesso, nada mais. O que fazíamos no Secos & Molhados não era rock'n'roll, era uma outra coisa, mais híbrida, que misturava poesia e ousadia de maneira muito distinta de qualquer outro grupo.

Já dirigir Cazuza foi o contrário do trabalho com o RPM, pois eu tive a intenção de torná-lo mais introspectivo, mais conciso. Ele aceitou minha proposta de concentrar sua força no pensamento, que sempre considerei o melhor do Cazuza. O tempo me ensinou que há artistas que não posso ter a pretensão de mudar. Além do RPM e do Cazuza, dirigi dois shows do Chico – *Paratodos* e *Cidades* – e também dois da Simone, um da Nana Caymmi, um do Nelson Gonçalves. Dos shows da Simone gosto mais do resultado do primeiro, *Sou Eu* – inclusive a música que deu nome ao show, era uma canção que eu ia gravar, mas decidi dar para ela a abertura do espetáculo. Adorei colocar a Simone num vestido de renda transparente, que abria num rabo de peixe quando ela andava. Era uma imagem linda da Simone, no esplendor da idade, belíssima, que o público nunca tinha visto. Também fiz concepção, direção, roteiro, cenário e iluminação de *Festa do Interior*, de Chitãozinho e Xororó. E, mais recentemente, assinei a luz da Mart'nália e fiz a direção do show *Volta*, da Ana Cañas – quando, por exemplo, passei alguns toques de gestos, que só funcionaram pela extrema naturalidade da performance dela. Há ainda duas direções de Prêmio Sharp com os temas Angela e Cauby e Gilberto Gil, experiências muito marcantes, pois tive de mergulhar no universo desses artistas que admiro. O que é fundamental para dirigir outro artista é ter sensibilidade para respeitá-lo e entender de que forma se pode contribuir. Sou um diretor que tenta despertar a consciência do artista para o significado das palavras no palco. Eu não posso querer mudar Chico Buarque ou Nelson Gonçalves, por exemplo. Da mesma forma que não posso querer mudar a Simone, de maneira nenhuma. Meu trabalho na direção é auxiliá-los, com pequenos toques. Foi assim que trabalhei com Chico, e com todos os outros artistas, sempre com muito respeito e compartilhando meu olhar de artista que tem experiência de palco.

O mesmo prazer que sinto ao dirigir um cantor, sinto com um bom ator. Minha primeira direção foi em 1992 com a peça infantil *As cinco pontas de uma estrela*, um encontro dos atores do grupo Hombu com a participação da cantora Bia Bedran, que aconteceu na Casa de Cultura Laura Alvim. Era uma peça baseada nas músicas dos espetáculos que o grupo já tinha realizado, um espetáculo poético. Em 1998, eu dividi com Cininha de Paula a direção de *Somos irmãs*, um espetáculo-homenagem às divas do rádio, Dirce e Linda Batista, com Suely Franco, Nicette Bruno e um elenco enorme, que estreou no Teatro Cultura Artística em São Paulo. Fiz a iluminação da peça *O mistério do amor*, dirigida pela Camila Amado, sobre a vida de Cristo, que estreou no Teatro João Caetano. No teatro já fiz de tudo um pouco, trabalhei como ator, adereeista, produtor, iluminador, supervisor e diretor. E, mais recentemente, dirigi o Marcus Alvisi em *Dentro da Noite*, pois além de admirá-lo, me apaixonei pelos textos de João do Rio que abordavam a sexualidade pervertida e o espírito sadomasoquista, nos contos "Dentro da noite" e "O bebê de tarlatana rosa". A primeira história é sobre um homem e sua tara bizarra em um trem de subúrbio, e a segunda é uma aventura erótica de Carnaval, duas narrativas instigantes ambientadas no Rio de Janeiro. Com todas essas experiências de teatro descobri que gosto mais de dirigir o ator do que a cena. É a questão da consciência da palavra, é o mesmo trabalho que busco ao cantar, de encontrar a nuance e o significado das palavras.

Tenho tesão na palavra. No momento de escolher um novo repertório, entre tantas composições que recebo, minha atenção e intuição estão voltadas ao assunto, para as palavras que serão cantadas. A condição que determina a escolha da música é o assunto, são as palavras ali reunidas. Escolho o repertório de forma simples, ouvindo com atenção. Por conta do excesso de trabalho, acabo ouvindo menos músicas do que gostaria. Ouço mais quando estou no carro, dirigindo, para conhecer a cena musical do momento. Ou na fazenda, em Saquarema, mas lá gosto de ouvir músicas antigas.

Em 1986, com a turma do RPM, da esquerda para a direita: Fernando Deluqui, Paulo Ricardo, Paulo Antonio e Luiz Schiavon, na comemoração do disco de platina para o sucesso do LP *Rádio Pirata*. No mesmo ano, assinei a direção e a iluminação do show *Rádio Pirata – Ao Vivo*.

Com Simone, na festa de inauguração da boate Dancing Days, no morro da Urca, no Rio, em 1978. Regina Casé à esquerda, e Scarlet Moon ao meu lado, de branco.

Com Chico Buarque, no camarim do show *Homem de Neanderthal*, no Canecão, quando nos conhecemos, em 1975.

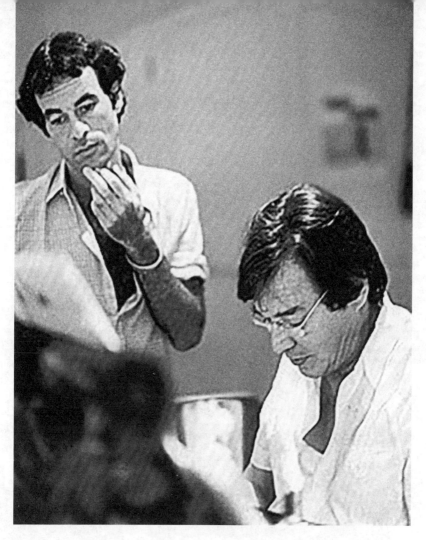

Na casa do maestro Tom Jobim, no Jardim Botânico, no Rio, na década de 1980, gravando a canção "Borzeguim".

O beijo proibido. A cena do selinho trocado com Caetano Veloso e censurado pela produção do programa *Metamorfoses*, da Rede Bandeirantes, em 1977. A ocasião marcou esse meu primeiro encontro com Caetano no palco, onde cantamos "Tigresa", música que conheci na voz de Gal Costa num verão nas areias de Ipanema.

Num programa que também marcou época, o "Chico & Caetano", em 1986. Paulo Ricardo, à direita, integrando o show no palco da TV Globo.

Tenho um prazer enorme de pensar o repertório, tanto em pesquisar músicas antigas como em descobrir novos compositores e músicos. Com o tempo que tenho de carreira, penso que tenho a função de colocar novas pessoas na ciranda, fazer ela girar, senão não tem graça.

Eu não me acomodo, sinto necessidade intensa de buscar sempre coisas novas, e falar de assuntos do meu tempo presente. Se quisesse, poderia fazer um show de sucessos, mas esse seria o caminho mais fácil, definitivamente, não me estimula. Posso cantar sucessos como "Rosa de Hiroshima", "Metamorfose ambulante" e "Balada do louco", três das músicas que mais cantei na minha carreira, mas fazer um show só de sucessos não me deixa satisfeito, quero investir meu tempo para oferecer o novo. Quando ouço uma nova música, me pergunto: "Eu teria feito essa canção? Posso cantá-la?" Esse é o meu critério, tenho de gostar a ponto de cantar aquelas palavras. Gosto de risco, me interessam os novos artistas que estão surgindo. Lançar novos cantores ou compositores é uma característica minha, do rejuvenescimento do meu trabalho. É uma necessidade pessoal manter a mente aberta, conectada ao tempo presente. Gravo músicas de novos compositores por necessidade, nunca por generosidade ou favor. É óbvio que sinto um grande prazer em divulgar o trabalho de alguém que está começando, mas meu critério de escolha sempre é a qualidade, a força da letra.

Nos meus últimos trabalhos esse diálogo com os mais novos é mais evidente. Gosto muito do Bem, filho de Gilberto Gil, que é um grande músico, assim como gosto da Ana Claudia Lomelino e do Rafael Rocha. Tem também o Dan Nakagawa, que, além de cantor, tem composições belíssimas. E a Alice Caymmi, gosto muito do jeito dela, mas ainda não trabalhamos juntos. Tem também a Duda Brack, uma gaúcha novinha, deve ter vinte e poucos anos, que regravou o Secos & Molhados com o Charles Gavin no disco *Primavera nos dentes*. Ela se saiu muito bem, pois tem uma interpretação muito original. São tantos que tenho admiração, como Vitor Pirralho, que conheci quando estava em Maceió. Gosto muito da Laila Garin, para mim é a grande revelação do teatro e da música, que assisti no musical *Elis* e em *Gota d'água*, posteriormente, shows de música no Beco das Garrafas.

O meu último trabalho, *Atento aos Sinais*, é a prova de que há uma produção contemporânea muito talentosa. Não podemos esperar, muito menos exigir, que todo ano surja um Chico ou um Caetano, músicos geniais principalmente no ofício de compor e cantar, que surgiram num momento de repressão, transgredindo com a música aquela situação horrorosa vivida em nosso país. Mas também não podemos subestimar a produção dos jovens músicos e compositores que estão fazendo um lindo trabalho no Brasil. Há muitos compositores, músicos e cantores jovens, vários deles pouco reconhecidos, revolucionando a cena musical. Essa atenção aos mais jovens não limita meu interesse a artistas que admiro, como o próprio Chico, Caetano, Milton e Fagner, por exemplo. Ou a grandeza de uma artista como Elza Soares, que aos 81 anos continua com uma potência extraordinária, lançando discos antológicos como *A Mulher do Fim do Mundo* e *Deus é Mulher*. Tenho muita vontade de cantar alguma coisa do repertório do Fagner porque tem coisas dele que eu adoro. Sinto vontade de fazer um tributo ao Caetano Veloso, pois foi o único artista que, quando eu vi, despertou em mim o interesse de subir no palco para cantar.

Quando olho para os trabalhos que realizei, penso que está tudo como tinha que ser. Não me arrependo de nada. Só revisei um trabalho ao reunir meus discos em caixas, com textos do Rodrigo Faour, quando passei a rever mitos nacionais, como Tom Jobim e Heitor Villa-Lobos (*O Cair da Tarde*, 1997), Cartola (*Ney Matogrosso Interpreta Cartola*, 2002), Chico Buarque (*Um Brasileiro*, 1996) ou Angela Maria (em *Estava Escrito*, 1994). A única faixa que excluí foi "Telma eu não sou gay", pois havia gravado para o disco do João Penca e Seus Miquinhos Amestrados, que era um álbum de paródias. Foi importante ouvir novamente os discos, pois me vi livre para recomeçar tudo de novo, em seguida criei o *Atento aos Sinais*.

Não tenho disco predileto, apenas existem alguns de que eu gosto mais do que outros. Considero alguns discos menos bem realizados, quando eu permitia aos produtores que interferissem. Hoje em dia decido tudo e assumo a responsabilidade sobre minhas escolhas artísticas. Os discos que mais gosto são *Homem de Neanderthal*, *Seu Tipo*, *Pescador de Pérolas* e *As Aparências Enganam*, além do *Bandido*, pelo qual tenho um carinho especial por ter me retirado o rótulo de ex-Secos & Molhados. Sempre me perguntam qual a música mais bonita, ou predileta; fico inquieto, pois é muito difícil escolher uma música num repertório tão grande. Quando paro para pensar qual a canção mais representativa, fico com "Rosa de Hiroshima". Também gosto muito de "Deus salve a América do Sul", que é profética em relação à situação política e social em que nos encontramos.

A longevidade de um trabalho, como ocorreu com *Atento aos Sinais*, nunca aconteceu antes na minha trajetória, é surpreendente. Com esse show foi a primeira vez, em quarenta e seis anos de carreira, que fiquei tanto tempo em um único projeto. A turnê estreou em 2013 em Juiz de Fora, Minas Gerais, e ao longo de cinco anos percorri muitas cidades, incluindo shows fora do país. O CD fruto dessa turnê é carregado de brilho e potência sonora, imagens poéticas fortes, mas também revela nuances de uma certa doçura sem ingenuidade. Foi a turnê mais longa da minha carreira até o momento. *Atento aos Sinais* foi um espetáculo formado por músicas de compositores consagrados, como Caetano e Paulinho da Viola, mas que também destaca a produção de novos nomes, como Criolo, a banda Zabomba, Dani Black e o alagoano Vitor Pirralho. Esse show é uma superprodução – a maior de que fiz parte –, teve a direção musical do tecladista Sacha Amback. Queria um show sintonizado com o agora. Eu nunca tinha me preocupado muito com isso, mas desta vez, mais do que nunca, eu queria um espetáculo conectado com o momento atual. Acabou saindo mais conectado do que eu imaginava: quando eu comecei, aquelas passeatas de 2013 ainda nem tinham acontecido, essa loucura toda na política do país ainda nem tinha começado. Isso atrai o público – e um público bastante heterogêneo. Sempre foi assim, graças a Deus, desde o Secos & Molhados. E eu adoro que seja assim, falar diretamente com quem acompanha minha carreira e com os mais jovens, que estão começando a conhecer meu trabalho.

 Não consigo elaborar uma teoria para entender a longevidade desse ciclo de trabalho, que se encerrou apenas em abril de 2018, com um show realizado na Fundição Progresso, no Rio de Janeiro. Com dois anos e poucos meses na estrada com esse show, achei que estava na hora de encerrar, e chegamos a fazer alguns espetáculos de despedida no final de 2015. Não avisei da intenção, mas já estava considerando a ideia de fechar a turnê, só que os convites incessantes para novas apresentações foram alterando essa ideia de fechá-la. Eu fazia um show e aparecia proposta para outros shows; quando fazia esses, apareciam mais quatro convites. Sempre considerei ideal parar uma turnê ainda no auge, para garantir que o entusiasmo do público não diminua, por isso sempre excursionei por no máximo dois anos. A lógica do mercado sempre indicou que lançar um DVD de um show era sinal para preparar o encerramento de uma turnê, mas eu nunca segui essa orientação padrão. Sempre subverti essa lógica, fiz diferente, e sigo registrando todas as minhas turnês; faço alguns shows e depois gravo o CD no estúdio, assim chego mais seguro para esse trabalho. Depois de gravado o CD, eu viajo com as apresentações por mais ou menos um ano e só depois gravo e lanço o DVD no mercado, para então seguir viajando mais um tempo.

 O DVD de *Atento aos Sinais* foi lançado no segundo ano da turnê, e mesmo assim segui mais três anos fazendo shows. Quem assistiu ao DVD e viu os últimos shows com certeza notou grandes diferenças. No começo era tudo marcado, uma coisa rígida no palco. Já no fim dessa turnê, me permiti ficar no palco e mais à mercê dos acontecimentos. Quase não houve mudança de repertório. Eu tirei apenas uma canção, que exigia uma troca de roupa a mais, e passei a considerar excessivas tantas trocas de figurino. E no final da turnê incorporei um samba, "Ex-amor", que gravei para o álbum *Samba Book*, do Martinho da Vila. Considerei que era uma boa para entrar porque todo mundo conhecia essa música, e esse samba era algo que destoava dentro de um show mais elétrico e roqueiro.

Com o fim da turnê, ocorrido no Rio de Janeiro, considerei aproveitar esse momento para descansar um pouco, mas já tenho um pré-repertório bem adiantado de músicas para um novo show — até porque eu primeiro penso no roteiro do show, mas não tenho pressa de nada. O disco de estúdio é uma consequência. Os primeiros shows sempre são um teste para sentir se o público recebe bem o repertório; e se eu vejo que uma música, por mais que eu goste dela, não atravessa pro lado de lá, eu tiro. A turnê de *Atentos os Sinais* teve esse foco de ser um disco com músicas inéditas, mas o próximo disco não terá necessariamente essa preocupação. Pela primeira vez, em toda minha trajetória, não tenho noção do que farei ainda. Mas não fico nem um pouco ansioso, estou sempre aberto para o novo. Antes, sempre na metade de um projeto, começava a fazer o outro. Há mais de quarenta anos vivo essa dinâmica de emendar um trabalho no outro, hoje não vejo mais essa necessidade.

Sem dúvida, transformei minha relação com o tempo, quero apenas realizar meus projetos com mais calma. Antes havia mais ansiedade porque achava que não poderia cantar por muitos anos. Hoje estou tranquilo, já tirei esse grilo da minha cabeça e tenho a clareza que estou bem vocalmente e com meu canto. Talvez, quem sabe, aos 80 eu não possa mais cantar como canto hoje, mas não estou mais preocupado com o que pode acontecer ou não. Pretendo continuar cantando no palco enquanto eu tiver forças. Em algum momento sei que não terei mais essa energia – e eu digo isso sem sofrimento algum, observando com naturalidade a efemeridade da vida. Eu sei que haverá um limite mas, enquanto tiver força e desejo, eu continuarei me manifestando e cantando com vigor.

Fico comovido ao lembrar quando estreei, e os críticos diziam que, com "aquela voz aguda, eu não chegaria aos 40 anos cantando". Eu mesmo achava que chegaria, no máximo, aos 50 anos, não me via com 77 anos cantando e dançando. Participei de várias edições do Rock in Rio, inclusive da primeira, em 1985.

Abrindo a primeira edição do Rock in Rio, que reuniu mais de 1 milhão de pessoas no evento, em 1985.

Mas só recentemente, em 2017, surgiu a ideia de cantar o repertório do Secos & Molhados com o Nação Zumbi. A parceria com o Nação Zumbi me deixou feliz, pois, quando eles surgiram, eu fiquei muito impressionado com a performance de Chico Science no palco. A longevidade permite vivenciar essas experimentações, revisitar trabalhos. A liberdade para mim é um presente, conquistado com esforço. Em 2014, recebi o Prêmio Especial do Grammy Latino pelo conjunto da minha obra.

De lá pra cá, após muita resistência, aprendi a receber as homenagens* que estão fazendo pela minha trajetória artística, pautada nessa liberdade. Recentemente a artista Alkistis Michaelidou fez uma exposição, em Atenas, me colocando como um ser da mitologia grega, híbrido com Minotauro, Dionísio, Adônis, Centauro... Fiquei surpreso, não sei como me descobriram. O trabalho da Alkistis me deixou muito contente. Provavelmente, a exposição chegará ao Brasil

---

* "Em 2017, foi o homenageado na 28ª edição do Prêmio da Música Brasileira, ocorrida no Theatro Municipal do Rio de Janeiro, centro da cidade. A cerimônia, apresentada por Maitê Proença e Zélia Duncan, contou com 79 indicados em 35 categorias e foi, pela primeira vez, aberta ao público para venda de ingressos, devido à falta de patrocínio. A direção geral foi de José Maurício Machline, idealizador da premiação, tendo Sacha Amback como diretora musical. No palco, Ney Matogrosso apresentou cinco músicas que marcaram sua trajetória, entre elas, "Rosa de Hiroshima" (Vinicius de Moraes e Gerson Conrad), "Pro dia nascer feliz" (Cazuza e Frejat) e "Melodia sentimental" (Heitor Villa-Lobos e Dora Vasconcellos) – nesta última, foi acompanhado pelo Trio Madeira Brasil. A homenagem contou com as participações de Chico Buarque em "As vitrines", Ivete Sangalo com "Sangue latino", Alice Caymmi e Laila Garin interpretando "Bomba H", Lenine em "Bicho de Sete Cabeças II", Pedro Luís com "O mundo", Karol Conka em versão de "Homem com H" e BaianaSystem fechando com "Inclassificáveis". A banda de acompanhamento foi formada por Sacha Amback (programações e percussão), Marcos Suzano (programações e percussão), Marcelo Costa (percussão), Alberto Continentino (baixo), André Valle (guitarra), Everson Moraes (trombone) e Diogo Gomes (trompete). Ainda em 2017 a atriz e cantora Soraya Ravenle apresentou, no Teatro dos Quatro, no Rio de Janeiro, ao lado de Marcos Sacramento, o espetáculo híbrido *Puro Ney,* em um formato entre o show e o teatro musicado, homenageando o artista. O musical contou com músicas que ficaram conhecidas em sua voz, separadas em cinco blocos temáticos. A direção ficou a cargo do músico e produtor Luís Filipe de Lima, Luis Erlanger e Cinthya Graber."

Fonte: *Dicionário Cravo Albin da música popular brasileira*, consultado em: 20 de junho de 2018.
http://dicionariompb.com.br/ney-matogrosso/dados-artisticos

com o apoio da Embaixada da Grécia, o que me deixa satisfeito. Por fim, posso dizer que passei vinte anos do limite profetizado, e fico feliz pelo meu caminho, com tudo que fiz e faço com meu trabalho.

Eu e Cazuza, na boate Castel, no Rio, no aniversário de 28 anos dele, em 1986.

5
PRO DIA NASCER FELIZ

TODO DIA EM QUALQUER
LUGAR EU TE ENCONTRO
MESMO SEM ESTAR
O AMOR DA GENTE
É PRA REPARAR

CAZUZA E PERINHO SANTANA
DIA DOS NAMORADOS (1986)

Cazuza e eu tivemos um romance curto, três meses apenas. Foram três meses muito intensos, repletos de fogo, com labaredas gigantescas. Depois ficamos o resto da vida juntos, como grandes amigos. O Nelson Motta escreveu no livro dele que eu fiquei com o Cazuza quando ele era cantor e que gravei "Pro dia nascer feliz" porque era apaixonado pelo Cazuza, mas a história não é bem assim. O romance aconteceu antes de Cazuza ser cantor e gravei essa canção porque, além de minha admiração pelo artista, considerava – e considero até hoje – a música excelente. Quando Cazuza ia nos meus shows, para provocá-lo, eu cantava: "Fodia pra ser feliz". Ele ria, achava engraçado. Cazuza foi uma das grandes paixões da minha vida, e eu da dele. Era recíproco, uma relação de muita troca, de muito sexo, de muito afeto.

A minha história com o Cazuza começou em 1979, quando ele era fotógrafo da Som Livre e andava com uma máquina fotográfica pendurada no pescoço. Ele trabalhava com Scarlet Moon na divulgação dos artistas da gravadora, assessorava a Sandra de Sá, mas não tinha a menor satisfação com o ofício, me parecia mais um motivo para atuar entre pessoas que admirava e viviam na casa do pai, João Araújo, executivo da gravadora. Quando conheci o Cazuza, logo me disseram que se tratava do filho do João Araújo, como se fosse possível impor limites quando se trata de afeto. O curioso foi que conheci primeiro a mãe dele, Lucinha Araújo, numa loja comprando conchas, e ela me disse que tinha um filho, com cerca de

13 anos, que a avó prendia o cabelo dele com rabo de cavalo, chamava o menino de "meu Ney Matogrosso" e pedia para ele cantar.

Lembro de um encontro, de fato, na praia do Leblon, fumando um baseado, eu tinha 39 anos e ele era um moleque de 17 anos, cabelo comprido de cachos. Lindo. Parecia um anjo que havia despencado do céu, aquele pivetezinho de praia, um tremendo vagabundo. Lindo. Apaixonante. A gente teve algo muito forte mesmo, por isso falo dele até hoje, foi um magnetismo que não tem explicação. Nós namoramos três meses, mas o amor ficou para toda a vida. Dura até hoje. Eu não tenho essa coisa da pessoa morrer e deixar de amar, o amor pelo Cazuza permanece até hoje.

Na intimidade, Cazuza era um rapaz muito doce, amoroso, afetuoso e dengoso, o contrário da imagem pública dele com um comportamento agressivo e louco provocado pelo álcool. Nós éramos muito loucos, é verdade, livres, e tomávamos muita droga, mas também havia muito amor. Fizemos uma viagem para o sítio do pai dele, eu, Cazuza e uma amiga em comum, que na época topava as nossas loucuras a três. Nós transávamos o dia inteiro, tirávamos fotos a todo instante e ficávamos enlouquecidos. Na hora de voltar para casa percebemos que as máquinas fotográficas estavam sem os filmes, provavelmente porque alguém havia sabotado. Cazuza achava que a operação toda fora planejada pelo pai dele em cumplicidade com os empregados, para não registrarmos nossa loucura amorosa: "Foi meu pai, aquele mafioso!" Deve ter sido mesmo o João Araújo, com suas preocupações de pai – uma pena, pois hoje teríamos fotos incríveis desse encontro.

Meus amigos me viam com ele e não acreditavam, nunca tinham me visto daquele jeito, amando, completamente apaixonado. Um grande amor. Cazuza era encantador e apaixonante, não tinha absolutamente nenhuma agressividade.

Nosso relacionamento só acabou por pura insegurança dele e também porque a loucura estava demais. Ele tinha muito medo do rumo que a nossa história poderia tomar, exigindo mais dedicação e compromisso. Na verdade, acredito que ele tivesse muito medo de se machucar. A gota d'água foi que, após sumir por alguns dias, Cazuza reapareceu com outro cara, um traficante – e nós discutimos. Eu disse que não queria ele sujo, fedorento, acompanhado de um traficante em minha casa. Cazuza cuspiu em mim e eu bati na cara dele, o expulsei, e a história de amor acabou. Mas uma semana depois fizemos as pazes e estávamos entrando de mãos dadas num restaurante, como velhos amigos.

Antes do Cazuza, a única coisa que eu sabia oferecer a qualquer pessoa era meu corpo, puro sexo. Aos 40 anos tive um relacionamento longo com o Marco de Maria. Ele foi meu companheiro de vida, foram 13 anos juntos de muita cumplicidade. Recentemente um jornal se referiu a ele como meu "ex-marido", após eu ter postado uma foto do Marco no Instagram. "Ex-marido"? Isso é tão ridículo. Eu nunca o considerei marido, nem ele me considerava marido dele. Não era esse tipo de relação em que acreditávamos, respeitávamos acima de tudo nossa liberdade. Ele foi sim meu amor e meu amigo, com quem aprendi muito sobre companheirismo.

Devo essa mudança ao Cazuza, antes dele eu era escravo do sexo, ninfomaníaco. Era como a dependência de uma droga, não dormia se não trepasse com alguém, nem me importava com quem fosse. Sem problema moral, eu queria transar, ter prazer. Meus sentimentos eu não liberava, por traumas de pai e mãe existia uma couraça de chumbo bloqueando meu peito. Foi Cazuza quem abriu essa porta do amor, quebrou a minha resistência para uma relação afetiva. Era uma relação profunda e apaixonante, muito mesmo, com ele passei a admitir internamente a possibilidade de viver um relacionamento amoroso pela primeira vez, de vislumbrar construir uma história com alguém, acreditar na existência de um amor duradouro rompendo a divisão entre o sexo e o afeto. Foi assim, com o tempo, que compreendi que sexo sem amor é ótimo, mas com amor é algo transcendental, trata-se de uma conexão divina.

Quando comecei a relação com o Marco, o Cazuza ficou enciumado, morto de ciúmes, e disse que iria transar com meu namorado. Eu falei que podia, a relação era aberta e não havia problemas, inclusive avisei ao meu namorado que o Cazuza ia procurá-lo para transar. Um dia Marco me contou que ele foi à praia com Cazuza e depois para a casa dele transar. Em seguida, Cazuza me encontrou e disse que tinha transado com o Marco. Ficou tudo bem, só perguntei: "Foi gostoso?" Ele disse que sim. Respondi: "Pensa que eu estaria com alguém se não fosse bom?"

Marco de Maria.

Depois desse episódio continuamos amigos, transamos algumas vezes. E também dormimos juntos sem transar, era gostoso dormir com ele simplesmente para desfrutar da sua companhia. Não tínhamos problemas de posse em relação ao outro, ninguém tinha problemas, havia muita liberdade. Até que chegou a aids* e nos fez regredir em nossos comportamentos de liberdade sexual, trazendo a morte e o medo como um fantasma a pairar sobre nossas vidas.

Quando Cazuza estava no Barão Vermelho no auge do sucesso, em 1983, ele ficou doente. Havia sido "tocado", como diziam na época, pelo vírus da aids. Foi um momento muito dolorido, difícil, mas rodeado de amor. No período em que ele estava mais debilitado com a doença, tive a oportunidade de levá-lo para tomar Daime. Tomou muitas doses durante a sessão porque a bebida demorava a fazer efeito nele, talvez pela intensidade das medicações. Ele só vomitava. Até que finalmente sentiu o efeito do Daime. Então, ele me olhou com um sorriso luminoso e disse: "É assim tão simples, só receber?" Eu respondi que sim: o amor é simples, é só receber. Quando ele chegou em casa disse que queria conversar com os pais, pois o Daime o fez compreender coisas importante da relação deles. Acompanhei Cazuza até o final, em 7 de julho de 1990, quando ele partiu. Eu e Cazuza nos amamos até o fim da vida dele, amor com presença e sem sexo. Nunca nos afastamos. Quando ele estava muito doentinho eu ia para a casa dele só para ficar massageando seus pés, fazendo companhia. Depois acompanhei sua mãe, quando Lucinha fundou a Sociedade Viva Cazuza para dar apoio a crianças portadoras do vírus HIV.

Cazuza será sempre um dos maiores amores da minha vida... A característica que eu mais admirava nele era o fato de ser uma pessoa completamente louca, destrambelhada, mas talentosíssima. Admiro

---

* Nos anos 1980, no auge da epidemia de aids, segundo a OMS (Organização Mundial da Saúde), cerca de 10 milhões de pessoas estavam infectadas com o vírus da imunodeficiência humana adquirida. Há trinta e sete anos o vírus HIV se espalhou pelo planeta, infectou 60 milhões de pessoas e causou mais de 30 milhões de mortes. A estimativa, de acordo com o Ministério da Saúde, é que hoje no Brasil haja aproximadamente 800 mil pessoas vivendo com HIV (em todo o mundo, a estimativa é de 37 milhões), além de 150 mil brasileiros que têm o vírus HIV e não sabem, pois não fazem o exame.

gente talentosa. E também porque ele sempre foi muito verdadeiro, uma pessoa que não se escondia, se mostrava do jeito que era. Eu gosto de gente verdadeira. Quando vi o Cazuza com o Barão Vermelho tocar pela primeira vez, no Teatro Ipanema, eu disse para o Ezequiel Neves: "Deixa essa molecada na minha mão que eu dirijo, vou botar pra quebrar com eles!" Ele não deixou, tinha ciúmes! O Caetano foi o primeiro que cantou o Cazuza, a música "Todo amor que houver nessa vida", no show *Uns*, mas eu fui o primeiro que gravou.

O segundo LP do Barão Vermelho tinha acabado de ser lançado e o Cazuza me presenteou com o disco. A gente morava perto, no Alto Leblon, então fui até a casa dele, bati na porta do quarto para acordá-lo e disse: "Acorda para ganhar dinheiro!" Ele disse: "Como assim?" Eu respondi: "Eu vou gravar sua música 'Pro dia nascer feliz'". Ele respondeu: "Você não pode gravar porque essa vai ser a nossa música de trabalho". Eu disse: "Eu sei, vai ser a música de trabalho de vocês e a minha". E gravei e realmente aconteceu isso, o Barão passou a tocar no rádio e nunca mais parou de tocar. Logo depois, a produção do filme *Bete Balanço* procurou a banda para encomendar uma música, foi aí que Cazuza e o Barão definitivamente fizeram sucesso.

Conheci muito bem o Cazuza, eu entendia a sua cabeça. Acho que a gente é da mesma falange, até hoje tenho afinidade com o pensamento e com a linguagem dele. O que mais me atrai são as pessoas que nadam contra a corrente, como ele sempre fez. Por isso, foi muito fácil dirigir o Cazuza em *Ideologia*. Quando fui dirigi-lo, pedi que ele ficasse quieto, pois já estava bem debilitado com o tratamento da aids. Obviamente, compreendi a delicadeza daquele momento da vida do Cazuza, e falei: "O mais importante são suas ideias". Disse que faria uma luz que dançaria por ele, ao redor de seu corpo. Ele teria somente que cantar, o que fazia lindamente. Como ele já estava bem frágil, a intenção era que não se esforçasse absolutamente nada. Assim, fomos construindo o repertório do show juntos, para revelar seu pensamento, que considero mais importante: "Todo o amor que houver nesta vida", "O nosso amor a gente inventa", "Codinome Beija-Flor", "Eu preciso dizer que te amo"... Ele me disse que gostaria de começar com "Vida louca". Concebi o show dentro das suas possibilidades físicas, ensaiamos em uma semana, coloquei todo o equipamento de luz no teatro para que tudo já estivesse pronto de verdade quando o ensaio terminasse. No final do ensaio, ele disse: "Ney, fiz uma música, mas acho que não vai caber no show..." Era "O tempo não para". Quando ele apresentou a música eu disse: "Essa música tem que encerrar o show, escuta o que ela diz: *Eu vejo o futuro repetir o passado / Eu vejo um museu de grandes novidades / O tempo não para / Não para não, não, não, não, não para*".

Fiquei emocionado, tínhamos o final do show, foi lindo acabar o espetáculo com essa música. Desenhei o figurino dele, uma roupa branca – blusa de seda e calça de linho –, para que as pessoas enxergassem a silhueta através da iluminação. A ideia era que ele pudesse ser visto da forma mais leve, sem precisar ficar pulando no palco porque não havia condições. Falei para o Cazuza que não havia necessidade de subir no palco com a irreverência do início da carreira, com o pau de fora e cotonetes nos ouvidos. Ele tinha que subir no palco de uma maneira que as pessoas respeitassem o seu trabalho, como um profissional.

Assim, em agosto de 1988, estreamos *O Tempo não Para*, no Aeroanta, reduto clássico do rock brasileiro que havia em São Paulo. Depois o registro do show saiu em LP e vendeu mais de 500 mil exemplares. Fico orgulhoso, pois é, sem dúvida, um dos momentos mais emocionantes da carreira do Cazuza. Existia um grande amor entre nós, independente de sexo. Esse show foi feito com muito amor, entendendo a situação da vida dele naquele momento.

Quando me lembro do filme que fizeram sobre ele, eu fico triste. Não é falar mal, mas é muito reducionista. Ele era muito mais do que aquilo que tentaram retratar, isso me incomoda. É impossível descrever a vida de um ser humano em um filme, mas quem conhece a história real fica chocado com o resultado. Cadê você no filme, Ney?, me perguntam o tempo todo. Essa é a pergunta que todos fazem, e que a diretora e o produtor do filme devem responder. Não sou eu que vou responder porque fui excluído do roteiro. A diretora foi na minha casa e eu contei tudo para ela, desde o momento em que eu conheci o Cazuza até o último dia em que a gente se viu. Falei de toda a nossa trajetória, do nosso amor. Depois me disseram que eu era um personagem tão grande que não cabia no filme. Eu amei e dirigi o último show do Cazuza, quando ele já estava muito doente, além de convencê-lo a terminar com "O tempo não para", que se tornou um hino da contracultura. "O tempo não para" é uma música muito emblemática na obra do Cazuza, tenho um carinho especial por essa canção. Será que isso significa nada na história do Cazuza? Qual o título do filme? "Cazuza, o tempo não para".

Cazuza foi o grande poeta do rock no Brasil, sem dúvida, apaixonado pela vida. Ele amava os poetas: Cartola, Rimbaud, Fernando Pessoa, Clarice Lispector, Kerouac, os beats... Isso pode ser percebido em suas composições, tinha um referencial muito crítico, talvez tenha sido o músico com o pensamento mais claro e crítico da década de 1980, que de fato colocava o dedo na ferida. Se o Cazuza estivesse vivo hoje, estaria revoltado, indignado e contestando esse Brasil hipócrita. No final, prevendo que o tempo era curto, ele queria ficar próximo dos amigos, de quem amava, e passou a produzir músicas lindas compulsivamente.

Quando ele se expôs ao anunciar a doença em entrevista ao Zeca Camargo, na *Folha de S. Paulo*, chamou atenção para o debate sobre a prevenção e ao tratamento da doença, mas acima de tudo proclamou a vida. O tratamento da aids era intenso, a medicação era muito agressiva. Infelizmente ele ainda teve de lidar com aquela reportagem fatídica e capa cruel da revista *Veja*[*]. Cazuza ficou revoltado, e com a saúde ainda mais vulnerável, sendo hospitalizado no mesmo dia em que teve acesso à revista, pelas mãos de seu pai, na tarde daquele domingo. Antes, ele escreveu uma nota de repúdio[**] para a *Veja*. E, além disso, naquele mesmo ano, Cazuza recebeu várias

---

[*] A edição da revista *Veja* de 26 de abril de 1989 trouxe matéria assinada pelos repórteres Ângela Abreu e Alessandro Porro, tendo como manchete: "Cazuza, uma vítima da aids agoniza em praça pública". A jornalista Ângela Abreu pediu demissão à revista após o manifesto de repúdio da classe artística.

[**] O texto de Cazuza se intitulava "*Veja*, a agonia de uma revista", publicado em vários veículos, inclusive no jornal *Zero Hora*. "Tristeza por ver essa revista ceder à tentação de descer ao sensacionalismo para me sentenciar à morte em troca da venda de alguns exemplares a mais [...] Mesmo não sendo jornalista, entendo que a informação de que sou um agonizante devia estar fundamentada em declaração dos médicos que me assistem, únicos, segundo entendo, a conhecerem meu estado clínico e, portanto, em condições de se manifestarem a respeito. A *Veja* não cumpriu esse dever e, com arrogância, assume o papel de juiz do meu destino. Esta é a razão da minha revolta."

indicações ao II Prêmio Sharp de Música, com o disco *Ideologia*, e a Marília Pera leu um manifesto contra a reportagem*, assinado por quinhentos artistas, intelectuais e produtores artísticos. O manifesto foi divulgado na imprensa. Ele compareceu à premiação de cadeira de rodas, com toda a dignidade e coragem que lhe cabia.

Minha relação com Cazuza foi um ato de amor, o show dele que dirigi também foi um ato de amor. Se ele estivesse vivo seríamos amigos como sempre fomos. Anos depois da partida dele, eu gravei "Poema", versos lindos que ele escreveu para a avó paterna em 1975, quando tinha 17 anos de idade. Gravei essa música em 1999, a pedido da Lucinha e com melodia do Frejat, tenho muito orgulho de ter se tornado um dos meus maiores sucessos. Toda vez que canto essa canção do Cazuza no meu show, lembro dele com muito amor. E recentemente, em 2017, o produtor Nilo Romero resgatou uma música inédita de Cazuza, composta em parceria com Perinho Santana, e me convidou para fazer um dueto com o Cazuza. Uma canção que ficou de fora da gravação do segundo disco da carreira dele, *Só Se For a Dois,* gravado em 1986. Foi diferente participar de uma homenagem póstuma na forma de dueto para uma canção que se chama "Dia dos Namorados"**, mas gostei de cantar porque a vida anda careta demais. Aceitei porque meu amor por Cazuza continua enorme. O amor é muito simples.

---

* "Brasil, mostra a tua cara – Brasil, não há aviso mais salutar de um vivo para outros vivos que este: o tempo não para. Triste do país e do tempo que precisam de heróis. A revista *Veja* quer que se veja Cazuza como vítima, mas Cazuza não é vítima; por sua coragem, por sua generosidade, por sua poesia, todas as forças vivas do Brasil reconhecem nele um herói do nosso tempo. Porta-voz da "síndrome da antiética adquirida", *Veja* nos oferece um triste espetáculo de morbidez, vulgaridade e sensacionalismo sobre Cazuza. Com arrogância e autoritarismo, *Veja* e outros "sócios do Brasil" tentaram parar o tempo, mas o Brasil e Cazuza sabem que o tempo não para. O que Cazuza diz está dito e bendito, bendito ele entre os malditos e deve ser ouvido com atenção por todos nós. A indignação de Cazuza não é solitária: é também nossa."
** "Todo dia em qualquer lugar eu te encontro / Mesmo sem estar / O amor da gente é pra reparar // Os recados que quem ama dá / Hoje é o Dia dos Namorados / Dos perdidos / E dos achados // Se o planeta só quer rodar / Nesse eixo que a gente está / O amor da gente é pra se guardar / Com cuidado pra ele não quebrar / Hoje é o Dia dos Namorados // Todo mundo planeja amar / Banho quente ou tempestade no ar / O amor da gente é pra temperar // As coisas que a natureza dá / Diz que a era é pra sonhar / Que na terra é só simplificar / O amor da gente é pra continuar / E a nossa força não vai parar // O amor da gente é pra continuar / E a nossa fonte não vai secar / Porque o amor da gente vai continuar". "Dia dos Namorados" (1986), de Cazuza e Perinho Santana.

6
BALADA DO LOUCO

No último show do Secos & Molhados,
em foto de Ary Brandi.

QUE CANTO HÁ DE CANTAR O INDEFINÍVEL?
O TOQUE SEM TOCAR, O OLHAR SEM VER
A ALMA, AMOR, ENTRELAÇADA DOS INDESCRITÍVEIS.
COMO TE AMAR, SEM NUNCA MERECER?

HILDA HILST
DA NOITE (1992)

Não me enquadro em nada, mas ainda insistem em me rotular. Já transei com muitas mulheres e com muitos homens, sou livre para me relacionar com quem eu quiser. Sou uma pessoa muito sexualizada e manifesto a minha sexualidade da maneira que o momento permita. Sei que sou rotulado como homossexual, mas são as pessoas que me categorizam assim, não me rotulo dessa maneira e nem entendo que eu tenha que ser de alguma maneira só porque as pessoas acham isso sobre mim.

Sou um ser humano que não sente a necessidade de ser classificado. Esse rótulo "homossexual" é muito recente, do final do século 19, antes a palavra não existia. Homossexual, heterossexual, isso tudo é uma bobagem. Somos livres. Me rotulam porque eu admito que transo com homens, mas não tenho porque esconder nada.

Quando surgi com o Secos & Molhados começaram a dizer que eu era andrógino. Pegava mal me chamar de viado ou bicha, então me rotularam de andrógino — que era algo do modismo da época. É sempre mais fácil rotular as pessoas, é mais prático. O que esquecem é que uma pessoa é muito mais do que um rótulo. Penso que tudo é sexualidade humana, os rótulos são formas de manipulação. O que importa é a liberdade de se expressar sexualmente. O ideal é que todo mundo se expresse tanto com homens ou com mulheres, do jeito que bem entender, sem a necessidade de rótulos.

Eu me nego a ser estandarte do movimento gay, pois acredito e defendo direitos diversos, não somente da liberdade sexual, defendo os direitos dos negros, dos índios, dos pobres... Seria muito conveniente para o sistema que eu fosse um porta-estandarte dos gays. Respeito o movimento, mas não preciso ser porta-voz. Eu sou um ser humano que pensa, que raciocina e que reflete sobre o mundo. Sou a favor da diversidade e das liberdades, não de rótulos.

Em 1973, quando a imprensa conversava comigo sobre sexualidade, eu já falava claramente, mas a reportagem ou entrevista era publicada completamente diferente das minhas declarações, abordava somente o amor. Eu não havia falado nada sobre o amor, e sim sobre sexo. Era uma censura explícita, naquela época existia a proibição de se tocar abertamente no assunto porque estávamos na ditadura.

Se os jornalistas sabem alguma coisa sobre mim é porque eu mesmo falo, sempre falei abertamente sobre qualquer assunto, nunca tive problemas em relação a expor o que penso. Só não liberei, e não libero, a minha intimidade, minha privacidade, pois minha vida particular não interessa a ninguém. A única relação que ficou pública foi a que tive com Cazuza, mesmo assim só depois que ele morreu. Porque, num rompante de sinceridade, abri sobre a relação num programa de televisão.

Tive problemas com a sexualidade antes de resolver a questão comigo, quando era um jovenzinho e tinha medo de transar com homens e virar um estereótipo. Depois de encarada, a situação deixou de ser um problema. Compreendi que somos seres livres e podemos transar com quem quisermos – seja homem ou mulher. Mulher com mulher, homem com homem – e não precisa virar nada. Esses estereótipos são muito chatos, tipo "mulher machona", "homem viadinho". O mais atraente é você continuar a ser uma pessoa, apenas. Eu transo com homens, sim. Mas já transei com muitas mulheres.

Neste momento, não transo mais com mulher porque, inevitavelmente, a relação comigo virava um romance. Não quero viver um romance, muito menos quero me relacionar para virar casamento. E com mulher é impossível você escapar disso. Pelo menos era assim que funcionava comigo, todas elas queriam casar. Até as mulheres mais loucas que eu conheci, as mais liberadas, elas queriam casar.

Gosto de viver sozinho. Não significa que eu não possa ter um relacionamento com alguém, não possa ter pessoas com quem eu transe – mas eu não quero me casar mais, nem com homem nem com mulher. Sou muito bem resolvido com a minha sexualidade e minha afetividade. Hoje em dia não quero ter uma companhia fixa, casamento, um relacionamento duradouro de morar junto. Não sou contra o casamento, sou contra o casamento para mim.

Considero muito justo que duas pessoas que se amaram e moraram juntas há alguns anos, que criaram patrimônio juntas, quando uma morra a outra tenha direitos. Porque vi muitas histórias de pessoas que tinham construído um patrimônio juntas, mas quando uma delas morreu a família apareceu e colocou o parceiro na rua, sem nenhum direito. Por isso é importante legalizar a situação, se for o desejo das pessoas envolvidas. Sou a favor da liberdade, da dignidade humana.

Na minha vida pessoal, simplesmente não quero morar com ninguém. Já vivi isso, e percebi que não é o que mais gosto na relação. Já vivi tudo que se possa imaginar, até relacionamento a três. Entendi que o poliamor não é satisfatório para minha personalidade, pois me desequilibra. Há sempre uma tendência de se voltar mais para um do que para o outro, e isso gera uma relação não saudável, um desconforto que não preciso viver. O que não me impede de acreditar que é possível amar duas pessoas, pois o amor traz uma completude, e liberdade.

Sou um homem livre, resultado de um pai extremamente opressor, então eu tive de lutar pela minha liberdade. Não penso que a homossexualidade foi um *start* para a liberdade, de forma nenhuma. A liberdade, acima de tudo, veio antes. Mesmo com toda a austeridade e conservadorismo do meu pai, um militar, eu vivenciei minha sexualidade com liberdade – mas tive de esperar o momento em que já estava fora de casa, dono do meu próprio nariz, vivendo às minhas custas, sem ter que pedir licença nem dar satisfação para ninguém. Meu pai tocou nesse assunto uma única vez, ao se incomodar com o trânsito de homens e mulheres que havia na minha casa. Ele me disse assim: "Você tem que se definir, está errado não se definir". Olhei para ele e falei que eu não precisava me definir em nada, que não tinha nada de errado. Fiquei chocado com o fato de meu pai pensar que o erro era eu não me definir sexualmente. Achei que ele iria ficar grilado por eu transar com homens, não porque não me "definia". Não coloco a homossexualidade como o fato mais importante da minha vida, pois entendo que sou mais do que um homem homossexual.

Desde a minha infância eu sabia que era uma criança diferente, só não sabia o que era. Meus amigos eram extrovertidos e eu introvertido, eu era hipersensível, tinha dons artísticos – o grande problema com o meu pai era esse, ele percebia que eu era um menino diferente. Eu não tinha consciência de que isso significasse alguma coisa, só fui entender muito tempo depois, já na adolescência, que aquela diferença teria a ver com a atração por pessoas do mesmo sexo. Não fui um adolescente namorador.

A minha primeira relação sexual foi aos 13 anos, com uma mulher – e eu gostei. Decidi que tentaria ver como era com um homem, mas só quando surgisse uma pessoa especial. A ocasião surgiu somente aos 21 anos, quando morava em Brasília. Foi um misto de alívio com decepção, pois percebi que era algo natural.

É muito engraçado ver jovens cantores falando de questões de gênero, sem olhar para o passado. Eu tenho certeza de que derrubei a porta, pois comecei numa época de repressão, mas não espero que ninguém venha bater cabeça e nem quero. Não fiz nada além de seguir meu desejo de liberdade contra um pensamento estreito. Sou liberal, respeito a individualidade de cada um, todo mundo tem o direito de ser o que é. Eu vejo o panorama, observo. Penso que precisa existir espaço para todos. São apenas pessoas com ânsias humanas de expressão e de estar no mundo. Não é a minha, agora.

No ensaio de fotos com Thereza Eugênia, nos anos 1970, no Rio.

Eu gosto de ser do sexo masculino, estou satisfeito com isso, sabe? Sou do sexo masculino e acho ótimo ser do sexo masculino. Não sou 'Homem com H', tipo machão. Sou homem de caráter, coisa que está faltando para muitas pessoas neste país. Eu me requebro, eu mesmo faço as minhas maquiagens nos shows, mas adoro ser homem, adoro ter pau. E em nenhum momento da minha vida eu quis inverter isso... Não tenho limites entre o masculino e o feminino. Onde está escrito que existe um limite? Na vida, não há limites para a liberdade.

Repito, eu nunca quis ser mulher. Quando surgi na cena musical com o Secos & Molhados, o homem não podia de forma alguma exercitar sua sexualidade. Ser explícito com a sexualidade era permitido somente às mulheres. O que me interessou, e me interessa até hoje, era justamente borrar essas fronteiras do masculino e feminino. Sempre tive um enorme prazer de agir assim no trabalho, nunca foi algo artificial, pelo contrário, era consciente e natural de minha personalidade. A sexualidade sempre fez parte da minha compreensão da vida, nunca encarei com culpa. O sexo é a liberdade primeira do ser humano, eu acredito nisso. Entendo o sexo como um desnudamento diante de outra pessoa, um encontro de almas. E igreja nenhuma me impedirá de exercitar a liberdade.

Sexo não precisa ser compreendido junto com o amor. O amor é sereno e a paixão faz perder o juízo, pelo menos comigo é assim, devastadora. A paixão quer dominar, é uma coisa maluca de hormônios, mexe demais com a cabeça. E isso, independentemente da idade, não muda, pelo menos não tem mudado, por enquanto. Quando sinto ciúme viro um bicho, mas penso que todo mundo é assim. Estamos falando de paixão. Posso cantar, por exemplo, que "o ciúme é o perfume do amor", mas não acredito nisso na minha vida. Estou fazendo um exercício poético, um exercício de intérprete, é arte e não minha vida, não canto sobre minha experiência amorosa, tudo é para a plateia, o público.

Houve uma época em que eu queria transar com a plateia, essa era minha piração, entrar nesse estado de comunhão coletiva. Hoje em dia, no máximo, quero acarinhar o público, não tenho mais aquele desejo sexual com a plateia. Desde que comecei minha carreira eu sentia meu trabalho como um requintado ato sexual. É como se eu fizesse sexo com o público, uma pessoa e várias cabeças. Depois, mais adiante, montei um show em que eu subia para cantar de terno – o *Pescador de Pérolas*.

Havia aquietado a sexualidade como forma de expressão. Sempre segui minha intuição, respeitando meu querer, sendo coerente com o que acredito. Mas ainda hoje utilizo o meu corpo como forma de diálogo com o público. Há uma comunicação com a palavra e também com o corpo, aprendi a utilizar as duas formas. Somos muito mais do que um corpo, mas ele pode ser um excelente canal de comunicação. Não faço um trabalho intelectual, eu jogo com minha emoção e com a emoção do público.

Nunca achei sexo feio, pecaminoso, sou um ser humano que está aqui para experimentar. Tenho Sol em Leão, com ascendente em Leão e Lua em Escorpião. Por isso essa minha sexualidade, essa coisa exacerbada, intensa. Aos 30 anos, um leonino em ebulição, a libido ocupava um lugar muito importante em minha vida, exercitava a minha sexualidade com toda a liberdade possível.

Na década de 1970, eu vivia na esbórnia total. Quando chegou 1979, alguma coisa dentro de mim falou: "Recolha-se". Obedeci minha intuição, e me recolhi. Em seguida, chegou o vírus da aids devastando toda uma geração. Com o surgimento da epidemia, tivemos que colocar o pé no freio, pois as pessoas estavam morrendo.

A primeira notícia da aids chegou através do Markito, considerado o primeiro caso no Brasil. Ele era um costureiro maravilhoso que assinou o figurino do show *Matogrosso*, com aquele índio exuberante. Perdi muitos amigos, muitos mesmo, entre as décadas e 1980 e 1990. Cheguei a me despedir de treze amigos em um ano. Penso neles com amor. Não significa que, porque foram embora, algo se esgotou. O que eu sentia por eles ainda sinto, mas não vivo lá atrás. Não dava tempo de refletir muito sobre o horror que estava acontecendo, porque eram tantos acontecimentos próximos e constantes.

Fiquei muito abalado, muito perturbado, sem chão, sem reflexo, como se eu tivesse perdido os espelhos da minha vida. Fiquei com depressão, pela primeira vez, mas lidei da melhor forma possível com a morte.

Tive uma compreensão espiritual sobre a aids, no auge da epidemia, que considerei uma espécie de prova para afinar a sensibilidade e compreender que a matéria é frágil. Entendi que existe algo maior que a matéria, existe o espírito. Sou uma pessoa muito estranha para a média das pessoas, mas sou assim. Tive aceitação plena, não havia o que fazer a não ser aceitar. Não adiantava revolta, não resolveria nada. A única coisa que eu poderia e que pude fazer foi aceitar. Um exercício doloroso, mas é o único possível.

Em paralelo, nessa época, ainda tive que lidar com boatos maldosos da imprensa, afirmando que que eu estava com aids. A revista *Amiga* fez um anúncio imenso e colocou nas bancas de jornais: "A aids de Ney Matogrosso". Um absurdo tremendo, resolvi então processar a revista e a TV Manchete, que era do grupo. Perdi o processo na primeira instância porque o juiz foi comprado, mas recorri e ganhei. Fui indenizado em 300 mil dólares. O Bloch chegou a me ligar para pedir para parcelar a indenização em dez vezes, aceitei. Se eles não pagassem, a Justiça me autorizava a entrar na emissora e pegar equipamentos referentes ao valor.

A questão não era provar ou não que estava soropositivo, e sim o fato que competia a mim querer abrir ou não algo de foro íntimo. Nunca escondi nada. Essa gente nojenta, sádica, pode ter uma cabeça doente para inventar boatos e prejudicar o outro. Não fui o único, diversos artistas foram vítimas da calúnia e difamação pelo mesmo motivo, há casos públicos como o da Claudia Raia [*].

Quando os amigos começaram a ficar doentes e morrer, pensei que poderia estar infectado, pois todo mundo naquela época transava sem camisinha e eu tinha uma vida sexual muito ativa. No instante em

---

[*] A atriz Claudia Raia, no auge de sua carreira, em 1992, processou o médico Ricardo Veronesi por declarar a jornalistas que ela seria portadora do vírus HIV, além de submeter-se a um exame de sangue e convocar a imprensa para mostrar o laudo negativo do exame.

que a doença chegou no meu companheiro, Marco, concluí que tinha chegado a minha vez. Decidi fazer o teste de HIV para confirmar que estava soropositivo, mas para minha surpresa o resultado foi negativo. Tive contato sim com o vírus, e não me contaminei. Por um milagre não me infectei.

Como não fui infectado? Já perguntei a diversos médicos, ninguém sabe me responder. Não existem aquelas prostitutas africanas, que transam com todo mundo e não adquirem a doença? Eu não sei o que aconteceu comigo. Não sei. Transei com vários que morreram de aids, mas por uma questão de natureza não fiquei soropositivo. O que fiz foi usar camisinha, a partir do momento em que eu soube da existência da aids, que no início da epidemia era vista como um câncer gay. Se descobrirem que o vírus foi manipulado em laboratório, não ficaria chocado, pois os gays nos Estados Unidos estavam se transformando num poder político.

Hoje em dia me considero um ser humano livre de qualquer conceito ou rótulo. Não tenho medo do que possam pensar a meu respeito. Sou a favor da liberdade total e absoluta, para todos. O pensamento regrediu, vejo que a sexualidade está banalizada, assim como a violência. Sem dúvida, vivemos num país mais careta do que aquele debaixo da ditadura militar. Seria impossível hoje a gente viver naquele Posto 9 como se viveu, com todo mundo nu e doidão. Acredito num mundo onde cada um pode ser responsável por si e pelo outro. Isso é um pensamento anárquico, mas é no que acredito. Um universo onde a sexualidade não seja uma questão.

7
ASTRONAUTA LIRICO

Na década de 1980, com Padrinho Sebastião: simplicidade e sabedoria.

SE AS PORTAS DA PERCEPÇÃO
ESTIVESSEM LIMPAS,
TUDO APARECERIA PARA O HOMEM
TAL COMO É: INFINITO

WILLIAM BLAKE
"UMA VISÃO MEMORÁVEL" IN CASAMENTO
DO CÉU E DO INFERNO (1970)

"Ney, você reza?", me perguntam sempre. Eu não rezo. Se canto é reza, então rezo. O Deus em que acredito é amoroso. Não acredito em um deus raivoso com o dedo apontando para mim e dizendo que sou devedor. Deus não aponta o dedo para o que está certo ou errado. Deus é um princípio que reúne infinitos universos. Deus não está preocupado com o que eu faço com o meu pau, de forma nenhuma. Isso é a culpa judaico-cristã. Acredito em um princípio amoroso, que rege tudo, e acima de tudo acredito num Deus que respeite a liberdade de cada indivíduo. O Deus em que acredito permite que eu tenha liberdade para viver diferentes jornadas espirituais, entrar e sair delas, no momento que desejar.

Não é a religião que me interessa, o que me interessa é o mistério. Meus pais eram espíritas, não tive pressão para ter uma formação religiosa. Minha avó materna me benzia com galhinhos de ervas, dizia para eu olhar e ir até a estrela para a qual ela apontava. E eu ia até a estrela. Meu espiritual era formado através desse transcendente fantástico. Mais tarde, jovenzinho, quis fazer a primeira comunhão, então fui na Igreja Católica, simplesmente porque achava bonito imitar os meninos que conviviam comigo. Na adolescência conheci diferentes experiências religiosas, fui ao candomblé, visitei vários centros espíritas e centros de mesa, mas não tenho nenhuma ligação formal com religião. Não tenho religião. Acredito em um princípio organizador – e esse princípio, para mim, é o Deus amoroso. Falo da descoberta do sagrado dentro de cada um de nós, que nos liberta de qualquer religião. Isso é o princípio da evolução da espécie, uma evolução planetária. Estamos vivendo o fim de um ciclo, é evidente, mas não me amedronta. Quantas civilizações poderosas passaram por aqui e desapareceram... Você acha que somos a mais perfeita? O espírito está além da religião. As religiões, principalmente essas que lotam as igrejas e congressos, querem tomar o espírito para manter o controle sobre a liberdade das pessoas. É ridículo o ser humano pensar que é o ápice da criação ou a superioridade do conhecimento. Com certeza há inteligências em outros planetas, e muito mais evoluídas do que nós, seres humanos. Acredito profundamente que não estamos sozinhos neste processo de evolução.

Vivi diversas experiências espirituais que me permitiram compreender que somos apenas uma parte da Criação. Sempre tive uma abertura para o invisível, entendi que não existe somente essa dimensão medíocre em que a gente vive. Amadureci meu processo espiritual ao conhecer Mario Troncoso, um amigo e guia espiritual importante em minha vida. Foi Mario quem me iniciou primeiro, até então meu conhecimento era muito teórico devido a minha fixação pela leitura. Nos conhecemos por intermédio da Simone, Mario era o guru dela, assim estabelecemos uma relação de grande amizade. Não tenho dúvidas que se tratava de uma relação de vidas passadas, tamanha afinidade espiritual entre nós. O que eu mais gostava nele era seu pensamento libertário na espiritualidade, não entendia Deus como um inquisidor, pelo contrário, inclusive compreendia o sexo com amor como forma de transcendência. Então, foi assim que passei a sentir vontade de frequentar o templo, o centro de estudos de filosofia e teosofia Gotas de Orvalho, em Botafogo, onde permaneci por mais de dez anos. Ele não me convidou, eu fui porque senti que era o espaço que eu precisava naquele momento, para exercitar minha espiritualidade. Minha iniciação foi marcada por retirar sete pedras de sete diferentes rios do Brasil, e reuni-las em um cristal, representando assim minha energia. Teve um trabalho espiritual em que tive uma visão fortíssima com o Mario, que comparo às mirações que tive com o Daime, vi uma imensa bola de fogo atrás de mim, e no centro dela estava o Mario, e entre nós havia uma conexão ancestral como a de um pai com um filho. O ritual ocorria numa sala, todos vestidos de branco se sentavam em tatames dispostos no chão e mentalizavam cores e energias positivas. Até o momento em que o Mario recebeu uma entidade do Oriente, e conversava com a assistência. Lembro de uma ocasião, no início da década de 1980, que a entidade dele alertou sobre a chegada de uma nova doença no mundo que seria um flagelo na humanidade. Tempos depois começaram a surgir os primeiros casos de aids no Brasil e no mundo.

As drogas, como o ácido, abriram as minhas portas da percepção, meu contato com o sagrado. O primeiro ácido que tomei foi em Búzios. Tomei um banho, vesti uma roupinha branca, tomei um ácido e fui para a praia. E aí entendi tudo, entendi que tudo está ligado, que tudo no universo se relaciona e tem o mesmo valor. Eu estava na praia quando algo me induziu a olhar para trás e ir em direção ao mato. Caminhei em direção ao mato, devagar, fui me aproximando, e avistei uma enorme pedra com uma concha rosa incrustada nela. Naquele instante, milhares de vozes celestiais começaram a cantar ao meu redor, algo muito impressionante. Ouvi com tanta clareza que depois reproduzi, cantei novamente.

Se o sistema em que vivemos não fosse tão covarde, o LSD seria usado pela psiquiatria, por exemplo. Deixei de tomar ácido quando percebi que não me conduzia mais além daquelas experiências maravilhosas do início, queria mais do que o vislumbre das maravilhas. Então acabei indo para o Daime, essa poderosa medicina da floresta. Depois que tomei o Daime, disse: "O ácido não tá com nada". O ácido também foi um ensinamento, mas o ácido dos anos 1960. Hoje em dia não é a mesma coisa, tem muita anfetamina. O ácido daquela época abria as portas da percepção, tomava-se para autoconhecimento. O Daime é o mais próximo do ácido. Sei que há estudos recentes do uso ritual da *Ayahuasca* pelos cientistas, fico contente por isso, que exista a comprovação de que seu uso melhora a depressão e uma séries de doenças. O que tiro dessa experiência de busca de autoconhecimento com o Daime? Que você pensa e vale o que fala, vale o que você emana, vale. Tudo significa, tudo é. O que pensamos, falamos e emanamos para o universo, para o outro, é o que vale.

O Daime foi a experiência espiritual mais forte que tive na vida, sacudiu diretamente o inconsciente. Quem primeiro me apresentou o Daime foi a Luhli. Ela voltou de uma viagem ao Acre e me trouxe de presente uma garrafinha: "Você tem que conhecer essa bebida sagrada!" Eu fui para o meu sítio, tomei tudo sozinho e não senti nada. Como eu não sabia do que se tratava, achei que a bebida estava estragada porque comecei a ficar enjoado. Então, tomei um comprimido para dormir, e simplesmente dormi, não aconteceu nada. Só alguns anos depois fui ter uma experiência de transe, as portas da percepção se abriram.

Entrei no Daime porque era muito amigo do Vicente Pereira. Ele era meu irmão de sangue, quando adolescentes nós cortamos o pulso e colocamos nosso sangue juntos, diante da mãe dele, e fizemos um pacto de irmandade. Vicente e eu líamos muito sobre as religiões, esoterismo, ocultismo... Nunca tive religião, mas sempre li muito sobre o assunto. Durante vinte anos li tudo de teosofia, gostava muito de Helena Blavatsky[*], fundadora da teosofia. Eu disse para o Vicente que queria alguma coisa que balançasse meus alicerces, mas não sabia o que exatamente. Até que um dia ele me ligou e falou: "Quer balançar seus alicerces? Pegue um avião para Brasília, você vai conhecer o Daime".

Fomos para a cerimônia, numa casinha no meio do nada, em 1987, e tomamos a *Ayahuasca* numa noite de lua cheia. Quando o ritual terminou, a lua cheia estava de um lado do horizonte do planalto Central e o sol do outro. Não sabia o que tinha acontecido comigo, apenas que tinha modificado a profundeza do meu ser. Não vomitei. Entendi que a minha mente havia ficado no comando, fiquei julgando: "Que gente estranha! Essas mulheres com cabelos compridos, com esse português errado..." Puro julgamento. Quando voltamos para o Rio de Janeiro, o Vicente descobriu um lugar onde continuamos tomando o chá de forma ritualística. Não podia perder meu tempo julgando o que acontecia do lado de fora. Era muito bem resolvido no sexo e na mente, mas no coração era uma placa pesadíssima de chumbo.

---

[*] Elena Petrovna Blavátskaya (1831-1891), mais conhecida como Helena Blavatsky ou Madame Blavatsky, foi uma escritora russa, responsável pela sistematização da teosofia e cofundadora da Sociedade Teosófica.

Na minha primeira visão com o Daime, me vi no portão da minha casa, aos 13-14 anos... Dizendo para o Universo: "Não preciso de amor de pai! Não preciso de amor de mãe! Quero que o mundo se foda!" O Daime me fez ver que eu não era tão independente, nem tão duro, nem tão forte. O trabalho continuou quando deitei na minha cama, ao chegar em casa, vi uma luz verde que jorrava do meu peito e doía para sair. Com o Daime consegui exorcizar esse sentimento ruim em relação ao meu pai, um vulcão de luz verde saiu do meu peito levando embora toda dor. Quando acabou essa vivência estava mais dócil, mais manso. Entendi que precisava liberar aquela energia. Sabe qual era meu medo? De ser frágil diante do mundo. Sempre fui para o caminho que todos diziam que não devia ir, sou rebelde, contestador. Passei a compreender que era necessário olhar para o menino de 14 anos que queria o amor dos pais, para não me fechar para o amor. E entender que não era autossuficiente. Entendi que conforme nos livramos do orgulho, da vaidade, de julgamentos e de preconceitos, essa energia, que podemos chamar de Deus, se reflete mais forte.

Depois passei a tomar o Daime regularmente, toda semana, pois só consegui liberar o meu coração através desse chá que me ensinou a ser mais coração do que cabeça. Passei a frequentar o Céu do Mar*, que existe ainda hoje no Rio de Janeiro, dirigido pelo Paulo Roberto da Silva. Foi estranho, na época comentei com o Vicente Pereira, que não gostava da condução da sessão feita pelo Paulo Roberto, considerando-o muito duro. O Vicente me fez olhar e entender que o incômodo que eu percebia no outro era na verdade meu mesmo, na maioria das vezes é assim, não? Foi assim que comecei a perceber a importância daquele líder espiritual no meu processo de autoconhecimento. Era raro confiar que estava seguro, em boas mãos. Foi com o Daime que senti meu coração ser desbloqueado e liberado para o amor, algo extraordinário, percebendo com clareza a importância do afeto que eu mesmo havia negado por medo ou orgulho. Impossível descrever em palavras a sensação que tive, tamanho sentimento de amor.

---

* Céu do Mar é a primeira Igreja de Santo Daime criada fora de Rio Branco, em 1982. Localiza-se no Rio de Janeiro, Estrada das Canoas, em São Conrado.

Em outubro de 1988, fui para o Céu do Mapiá*, onde conheci o Padrinho Sebastião**. Foram três dias de canoa até chegar à comunidade de Daime. Fiquei impressionado com a sabedoria e simplicidade do Padrinho Sebastião, um caboclo seringueiro no meio da floresta Amazônica, sem nenhum estudo, que dirigia os rituais do Daime de modo muito revelador. Um grande feiticeiro. Cheguei a colocar estrela no peito, a me fardar, como eles dizem, para a simbólica decisão de ingressar na doutrina. Engraçado foi o argumento do Padrinho para colocar a estrela no meu peito, disse que era para me reconhecer depois. Não é verdade, não precisava de estrela para reconhecer quem esteve com ele. O fato é que senti no meu coração o chamado e, naquele momento, resolvi colocar a estrela no meu peito pelas mãos do Padrinho Sebastião – e era dia do aniversário dele, era um trabalho espiritual festivo. Foi dessa maneira que conheci melhor o Daime, o Padrinho Sebastião e a história dessa bebida da floresta. Tomei Daime por um ano e meio, depois interrompi o processo, pois entendi que não estava a fim de religião, queria apenas o autoconhecimento. Preferi o mundo. Em nenhum momento me arrependo do que fiz, pelo contrário: agradeço a Deus a vida que vivi. A religião não me interessa, não é o que eu busco, para mim a liberdade tem que ser absoluta. Eu sou a liberdade.

Com o Daime passei a ter essa consciência de forma mais plena, só não me vejo mais participando de nenhum grupo espiritual, posso exercitá-la ao meu modo. Tomo uma colherzinha de *Ayahuasca*, vez ou outra, para ficar em conexão. O LSD me fez ver meu real tamanho, e entender que não sou mais importante do que um grão de areia ou uma flor. O Daime me ensinou a amar. E compreender que meu trabalho espiritual desenvolvo no palco. Sempre utilizei o Daime para o autoconhecimento, para a compreensão divina, já que não busco Deus fora, busco dentro de mim.

---

* A vila Céu do Mapiá, fundada por Padrinho Sebastião em 1983, está situada nas cabeceiras do igarapé Mapiá, distante 30 km do rio Purus, numa das áreas mais preservadas da Amazônia ocidental brasileira. A comunidade só é acessível por meio fluvial, descendo o rio Purus e depois subindo o igarapé Mapiá por no mínimo seis horas.
** Sebastião Mota de Melo (1920-1990), o Padrinho Sebastião, foi um líder religioso e um dos fundadores da Vila Céu do Mapiá, na região amazônica, considerada a capital do Santo Daime.

Parei de tomar o Daime apenas porque estava muito acelerado. Sempre que tomava o chá, pedia: discernimento, discernimento, discernimento, discernimento... E tive a graça do discernimento. O Daime me proporcionou discernimento e autoconhecimento, quando tive o entendimento de que o chá trabalhava o inconsciente, então consegui compreender o funcionamento do meu corpo. Quando tomava o chá sentia uma limpeza no corpo físico, algo muito libertador. Em uma cerimônia, a impressão foi muito nítida, aconteceu uma explosão dentro da minha cabeça através de uma luz forte que simultaneamente estourava em diferentes partes do meu cérebro – *flashes* estouravam dentro do meu corpo, na minha cabeça, e proporcionavam cura tanto no corpo espiritual como no corpo físico.

Antes do Daime, cheguei a fazer o método Fischer Hoffman com a coordenação da Gilda Grilo, em 1984, uma terapia, que também foi uma verdadeira experiência espiritual. Um processo de cerca de três meses, rápido, mas que foi muito profundo, *heavy metal*. Na minha época eram seis terapeutas, que avaliavam se havia abertura e conexão para participarmos do processo de transformação que se propunha. Uma espécie de anamnese, um teste inicial com filtro. Depois, era necessário fazer uma lista de defeitos do pai e da mãe, um levantamento de tudo de que se tinha consciência. Fiz uma lista com 15 pontos que eu considerava negativos nos meus pais, mas os terapeutas disseram que não começariam o processo com menos de 150 pontos. A intenção era "matar" papai e mamãe, para que se pudesse conhecer de fato quem se é. O princípio do Fischer Hoffman é: não somos o que somos, mas sim resultado do que nossos pais desejavam. Todo processo era trabalho em cima dessas questões envolvendo pai e mãe, pois a intenção era encontrar a criança que realmente fomos, para lhe dar amor, carinho e liberdade. Eu consegui acessar minha criança interior e vi uma pessoa totalmente diferente do que fui: solar, de peito aberto para a vida.

Lembro perfeitamente de quando fui, com um grupo de aproximadamente 40 pessoas, fazer um retiro de uma semana numa fazenda. O primeiro exercício proposto foi bater em pneus, que representavam nossos pais, para se descarregar toda a raiva reprimida. Fiquei batendo nos pneus por horas e horas. Até que, exausto daquilo tudo, falei com a Gilda que tinha alguma coisa errada, pois não estava conseguindo ultrapassar algo que eu via, que os outros conseguiam e eu não. Ela me perguntou: "Quer ultrapassar isso mesmo?" Então me levou para outro espaço, dentro da mata, e mandou eu me deitar no colchonete, fechar os olhos e relaxar. Fiquei lá, deitado, relaxando. De repente, tomei um susto, dois homens pularam em cima de mim, com colchões nas mãos cobrindo meu rosto. E, em seguida, um outro homem pulou em cima de mim, me sufocando. Pensei que fosse morrer, foi horrível. Fiquei com muito ódio, um sentimento ruim que não cabia dentro de mim. Ao conseguir me libertar, soquei e mordi todos que estavam em volta, quase arranquei um pedaço da mão de um com os dentes. Foi libertador conseguir reagir à agressão. Quando acabou, os terapeutas diziam que eu tinha que jogar aquela raiva toda nos pneus. Por fim, depois de um tempo, chegaram à conclusão de que eu deveria voltar para a estrebaria para continuar batendo nos pneus. Eu não acreditei! Lá fui eu novamente no meio da noite bater nos pneus, liberar toda minha raiva. De repente, um rapaz, que participava do retiro, começou a bater no pneu dele. Exaustos, paramos e começamos a conversar, ele me confessou que estava batendo naqueles pneus por minha causa, tinha preconceito e raiva da minha pessoa, que precisava me pedir perdão. Foi assim que compreendi que estava sendo usado para a cura dele. Então nos abraçamos e nos tornamos amigos. É incrível como, sem saber, fazemos parte do processo de cura do outro. A terapia funcionava como uma espécie de teatro, que dava a oportunidade de se oferecer e receber o amor do Universo, mas não antes de acessar sentimentos tão primais como a raiva.

 Nesse processo eu descobri que, quando chegou o meu momento de receber amor, travei, paralisei porque acreditei no meu pai, que dizia que eu não merecia amor. Fiquei anos achando que eu não merecia o amor, até fazer essa terapia e desconstruir essas crenças limitadoras. Naquela época pensamentos violentos invadiam minha cabeça. Sempre convivi com violência, o falso moralismo existia dentro da família, dentro de casa. O meu pai, sempre moralista com a mulher e com os filhos. Hoje não guardo rancor, perdoei meu pai. Mas a tirania dele era tão intensa que, quando saía de casa, imaginava que alguém iria chegar a qualquer momento dizendo que ele havia morrido. Fui resolver tudo isso com o processo Fischer Hoffman e, mais tarde, no Daime, definitivamente.

Já fui viciado em droga para dormir, ansiolítico, minha cabeça não desacelerava e eu não conseguia descansar. Meu processo é criativo, mas é muito desgastante. Preciso de uma coisa para a cabeça aquietar, principalmente após toda excitação dos shows. Ainda hoje, quando viajo, levo comigo uma fita crepe para lacrar as janelas porque, se entrar uma fresta de luz, acordo e não durmo mais. Meu sono é muito leve, qualquer incômodo me acorda, e para voltar a dormir é difícil. Tenho a cabeça muito ligada, por isso não tomo drogas que me liguem. Gostava de Mandrix, uma droga feita à base de metaqualona, sedativo usado em comprimidos para dormir nos anos 1970, um remédio maravilhoso que você tomava e não dormia, mas ficava sem censura absolutamente nenhuma, cheio de amor para dar. Era a droga do amor. Já provei de tudo, tomei de tudo, mas nunca gostei de nada que me acendesse, gosto do que me relaxa, que me acalma.

Sempre usei drogas com o intuito de me conhecer profundamente, como fiz com o Daime, nunca para ficar doidão. A única droga que me causou medo, logo na primeira experiência, foi o lança-perfume. Perdi completamente o controle de tudo, não sabia quem eu era. Depois disso nunca mais cheirei. Sempre odiei a cocaína, como odeio até hoje. Experimentei cocaína no término do Secos & Molhados, e nem prazer tive, foi um horror, não compreendo alguém utilizar uma droga que pode nos deixar fúteis, artificiais. Hoje não uso mais drogas. Mas cheguei a usar durante vinte anos, pois conseguia utilizá-las sem ficar dependente.

Não gosto de álcool em geral, mas de vinho gosto com a comida. Gosto de fumar maconha, mas não uso regularmente. Fumo maconha somente quando tenho algum questionamento, fumo e resolvo a questão. Com a maconha comecei a me questionar e o ácido me levou diretamente à percepção mística. Sempre usei drogas em busca de autoconhecimento, uma experiência com o divino. Usei de tudo na minha vida, como experiência. Tive contato com todas as drogas disponíveis, me permiti utilizar de forma regular, mas hoje elas não me interessam mais. O que não me impede de entender que as drogas deveriam ser liberadas e as pessoas responsabilizadas pelo que fazem. Sou completamente a favor da descriminalização e regulamentação das drogas. Dessa forma, acredito que tiramos as drogas da mão de bandidos, que estão muito mais no Congresso do que nos morros. Descriminalizar é regulamentar e até mesmo poder reverter impostos a favor do bem comum, mas claro que isso soa utópico nesse nosso contexto de retrocessos em várias situações.

Tive problemas com a polícia por causa de drogas em duas ocasiões, e por acaso. Eu morava no Rio quando, ao encontrar com um amigo que trabalhava na Sala Cecilia Meireles, para irmos para casa em Copacabana, fui surpreendido por um policial à paisana, apontando um revólver na minha cabeça. Todo hippie, aos 23 anos, sem dinheiro e documentos, fui cercado e preso por vadiagem. Jogado num camburão, acompanhado de uma prostituta e um bicheiro, fomos levados para uma delegacia em Santa Teresa. Ela chorou e foi liberada. Ele disse que pagou propina, cerca de 20 mil reais na época, para o comandante de polícia soltá-lo. Eu passei a noite com policiais fazendo terrorismo na minha cabeça, me ameaçando, dizendo que, pelo simples fato de ser hippie, cabeludo, iriam me jogar junto com os outros presos. Eles diziam que fariam o teste da caneta. Jogariam a caneta na minha calça apertada e, se ela não atravessasse, eu seria jogado na parede pelos cabelos. Até que, com medo de ser torturado, tive de dizer que meu pai era militar. Foi desesperador. Só fui liberado porque uma amiga, que namorava um almirante da Marinha, conseguiu me localizar e interceder pela minha vida.

Na segunda vez eu estava em cartaz com *Homem de Neanderthal*, meu primeiro solo, em São Paulo, em 1975. Eu conversava com amigos após o término do espetáculo, entre eles o Vicente Pereira e o Nando Cosac, cenógrafo e iluminador do show, quando ao atravessar a rua ouvi o barulho de uma freada, alguém gritando... Era um carro de polícia, estavam nervosos e queriam prender todos porque, segundo a loucura deles, eu havia atravessado a rua quando vinha um carro. É óbvio que não era esse o motivo, estavam nos perseguindo porque nossa transgressão representava uma ameaça. Eles estavam hiper excitados e diziam que ia dar um sumiço em todos. Como tinha alguém com um baseado, fomos todos presos, nos colocaram no carro, os três sentados no banco de trás, e ficaram rodando em São Paulo. Como a situação começou a ficar tensa, o Vicente começou a rir de nervoso e levou uma porrada com revólver do policial que estava no banco da frente. Fiquei com medo e preocupado com o rumo das coisas, então, disse que queria falar com meu advogado.

Naquele momento um deles me reconheceu: "Sabe quem é ele? Aquele homem pervertido que dança pelado na TV!", falavam entre si. Nesse instante, eles deixaram de ser violentos e ficaram libidinosos. Um dos policiais disse cheio de segundas intenções: "Ah, passa ele aqui para o meu banco..." De imediato respondi que não, só passaria para a frente do carro se meus amigos fossem juntos. Então, pediram que eu dançasse para eles. Respondi que só dançava nos shows que fazia, quando me pagavam. Ficaram rodando com a gente em São Paulo, fazendo aquele terrorismo todo, e depois nos largaram perto do Cemitério da Consolação e nos mandaram descer. Queriam revistar minha bolsa, mas eu disse que não ia dar bobeira de andar com alguma droga comigo, que estava tudo na minha cabeça e na minha casa. E o pior é que eu estava com um vidrinho cheio de Mandrix. Quando abri minha boca para dizer que poderiam nos deixar no mesmo lugar que nos encontraram, eles disseram que na próxima vez nos levariam para o DOI-CODI. Não, muito obrigado, agradeci. Essas foram as únicas vezes que tive problemas com a polícia, pura bobagem e hipocrisia.

Usei as drogas com toda a liberdade, e nunca me permiti ser usado por elas. Seja utilizando expansores de consciência ou não, o propósito único é ficarmos em harmonia com a criação do universo, a luz. Comunico-me com a natureza, percebo-a sagrada. Quando fico no sol, peço que envie informação que esclareça meu pensamento. Essa relação de integração com a natureza vem do Mato Grosso, do tempo de menino, quando ficava no meio do mato conversando com os bichos. Nessa época, já havia compreendido que não deveria ter medo da natureza, apenas respeitá-la e saber ouvi-la. Pois a natureza conversa com a gente, só é necessário estar disponível e atento para escutá-la. Quando saí do Secos & Molhados, voltei à casa dos meus pais no Mato Grosso e à fazenda do meu bisavô para repensar a vida, um momento importante de minha história. Passei a ser um observador da natureza, admirava o tempo dela e dos animais, me ensinou muito. Acredito nesse poder global e absoluto. Não trato a natureza como qualquer coisa, reverencio, pois ela é sagrada e temos de respeitá-la. O modo como nos relacionarmos com a natureza é uma oportunidade de exercitarmos a espiritualidade.

8
TUPI FUSÃO

Com o figurino de *Bandido*, segundo show solo,
em ensaio de Bob Wolfenson, nos anos 1970.

FALAM ALTO E NINGUÉM ESCUTA
PÕEM-SE A GRITAR
E TODOS TAPAM OS OUVIDOS

SILVIANO SANTIAGO
"LIBERDADE" IN *CRESCENDO DURANTE
A GUERRA NUMA PROVÍNCIA ULTRAMARINA* (1978)

Faço política em cima do palco, estou atento aos sinais. Se procurarem no meu trabalho uma forma de fazer política partidária não irão encontrar, mas se compreenderem que através da música enfrento a "moral e os bons costumes", tão enraizados em nossa sociedade, então irão dizer que faço política. Desde o início de minha vida artística, acredito na política que provoca uma transformação no homem – a mudança é de dentro para fora, a transformação inversa é mera utopia. Não acredito na política partidária, e sim na micropolítica do dia a dia, dos costumes, que opera a transformação do mundo através da liberdade. Sigo tocando meu barco, independente se o momento está mais careta, conservador. Percebo que meu público, em vez de diminuir, está aumentando – talvez por isso tenha permanecido cinco anos com o show *Atento aos Sinais* circulando pelo Brasil, sem descanso. Afinal, como parar algo que estava dando certo, ainda mais num momento de crise no país? Acredito que seria castigado, se fechasse essa via aberta para mim.

Estar num palco, aos 77 anos, cantando música feita por jovens compositores e falando de liberdade é um ato político. De algum modo, estou me contrapondo a essa onda conservadora que está querendo tomar conta de tudo. A minha manifestação no palco estimula a sexualidade nas pessoas, pelo que ouço delas. Não é uma tese minha, recebo cartas de pessoas de muita idade comentando que, ao me verem no palco, reconhecem que a sexualidade faz parte da vida delas. Fico feliz de poder mostrar para as pessoas que elas estão vivas.

Respeito muito a minha liberdade e a do outro, sempre me coloquei à disposição para as lutas que considero mais candentes – sexualidade, comportamento e liberdades individuais –, mas nunca realizei meu trabalho artístico preocupado com a política, nem lá atrás, muito menos agora. Minha primeira memória em relação à política se faz presente na infância, quando ouvi que meu avô era primo do Washington Luís, último presidente da República Velha, e também quando comecei a entender que ocorria uma tensão sobre a divisão do estado do Mato Grosso. Ainda criança, não entendia porque queriam dividir o Mato Grosso em dois, mas me lembro que os debates sempre acabavam em tiroteio e eu ficava com medo quando presenciava um evento político numa praça. Não tenho o mínimo interesse em me vincular à ação político-partidária. Quantos já passaram? E esses políticos vão passar também. Alguns serão esquecidos, outros entrarão para a história, mas muitos cairão na lixeira. Não estou preocupado com eles, com essa coisa partidária. Sei que o que faço artisticamente tem um componente político, mas é uma força política humanitária.

Política partidária nunca me interessou como objetivo de vida porque compreendo que me expressar com liberdade é ato político, modificamos a realidade através dos nossos atos. Prezo pela liberdade de defender as ideias em que acredito, além de resguardar minha independência artística para escolher o caminho que desejo seguir. Não submeto meu trabalho a ninguém, sou extremamente independente mesmo na minha criação e, principalmente, no palco. Se envolver ou não com a política é um direito de escolha individual. Gosto de escolher as causas em que vou me envolver, não simplesmente o que as pessoas acham que devo abraçar como determinada luta.

Há muitos anos, por exemplo, me envolvi profundamente com o Movimento de Reintegração das Pessoas Atingidas pela Hanseníase (Morhan), instituição criada em 1981, que luta pelo fim do preconceito que cerca a doença. Tenho orgulho de poder ajudar uma causa tão nobre, desde 2000 sou voluntário do Morhan. Minha mãe criou uma menina que tinha sido retirada de um leprosário, separada de sua mãe biológica. Quando ela chegou lá em casa eu soube como as pessoas com hanseníase eram tratadas. Crueldade é a palavra. Elas eram arrancadas da família, lançadas como cachorros para não ter contato com pessoas próximas. A militância de hanseníase é uma luta intensa, pois os governantes não querem resolver nada. Para se ter uma ideia, cheguei a ir a Brasília para conversar com o então ministro da Saúde, José Serra, sobre a situação da hanseníase no Brasil, expliquei que precisávamos fazer uma campanha para que a informação chegasse de fato à população. Sabe o que ele me disse? Nós não vamos fazer campanha, se você quiser pode tentar uma ajuda com a TV Globo. Apesar disso, tivemos uma conquista recente com a indenização para quem vive com hanseníase para trazer o mínimo de dignidade. Isso ocorreu porque o presidente Lula conhecia um dos fundadores e se sensibilizou com a causa do movimento da hanseníase. O Brasil é o primeiro país no mundo em incidência de hanseníase, seguido pelo Nepal e Timor Leste, só que as pessoas não falam do assunto por puro preconceito. Decidi apoiar a causa de combate ao preconceito em relação à hanseníase, mas foi minha essa escolha, não penso que o artista seja obrigado a se envolver com política.

O que não podemos é deixar de ser quem somos, temos de nos manifestar sempre contra as injustiças. O Brasil de hoje está coberto por transações tenebrosas, me causa muito cansaço, sinto medo do rumo que o mundo está tomando, é realmente perigoso. O planeta está nas mãos de pessoas da pior qualidade, inescrupulosas, sem caráter, loucas de verdade. Apesar de enxergar essa podridão, não permito que meu olhar se reduza apenas à excrescência do que estou vendo. Sem dúvida essas pessoas que estão agora no poder irão parar na lata do lixo da história.

Sempre digo: se eles são corruptos, somos subversivos. O que percebo, de modo geral, é que o país hoje está mais careta do que pros anos 1970 – apesar de vivermos sob uma ditadura naquela época, existia um anseio de liberdade. Hoje parece que esse anseio se dilui

Minha solidariedade ao Morhan (Movimento de Reintegração das Pessoas Atingidas pela Hanseníase), no evento realizado no Rio, em 2007.

na internet, nas postagens de redes sociais, quando é necessário ir para as ruas reivindicar um mundo melhor.

Talvez o Secos & Molhados não fosse aceito hoje como foi na época, por conta do preconceito, que é muito mais explícito. Naquele período, estendendo-se para os meus primeiros shows solos, a postura sexualizada do personagem que eu assumia no palco foi a maneira que encontrei para confrontar o que acontecia no nosso país. A intenção era provocar resistência, para contestar um pensamento hegemônico e um padrão de masculinidade da época, que não permitia ao homem exercer sua sensualidade. Na busca pela contestação de valores, optei a princípio pela proteção de minha identidade, criando uma persona enigmática no palco, não somente em meu visual como também em minhas melodias.

O ar de mistério sempre pairou sobre minha figura antes mesmo de eu subir ao palco. Em minhas apresentações no início do Secos & Molhados, transgressoras para a época, mostravam um personagem destoante do habitualmente encontrado nos palcos do país. Toda a indumentária usada em minhas apresentações, principalmente o ato de pintar todo o rosto com cores fortes, mascaravam a pessoa por trás daquele personagem. Assim consegui fazer da ambiguidade e da sexualidade parte fundamental de minha arte, incorporando saias, maquiagem, trajes de flamenco, máscaras e movimentos sensuais em minhas apresentações.

A inserção das melodias buscava enfatizar que a performance de contestação não se pautava somente na indumentária, era preciso que estivesse em todo o plano artístico – nesse caso, até mesmo no canto. Entre todos os movimentos que contestavam o autoritarismo dos militares no poder posso afirmar que, com minha expressão artística, ao menos tensionava os valores da época. A imprensa ficou meio chocada e agressiva comigo, me xingavam de tudo quanto era nome. O *Jornal do Brasil*, por exemplo, dizia que eu era um travesti e que, portanto, não podiam mencionar meu nome, já que o veículo não citava travestis. Um absurdo porque nunca tentei ser mulher, sempre adorei ter o peito cabeludo e me expor desse jeito.

Hoje compreendo o rótulo de "andrógino", colocado pela imprensa, na tentativa de classificação de um artista, e percebo o papel relevante do consumo e toda sua dimensão simbólica junto aos trejeitos, em minhas apresentações˙. Essa mídia que, de certa forma, censurou a divulgação da banda, é a mesma mídia, também fruto de uma indústria cultural, que permitia que eu e a banda conseguíssemos espaço para contestar a moralidade da época, já que destoávamos do comum e isso atraía também a curiosidade e audiência. Ciente de minha liberdade e do espaço que ocupo, sempre perguntei: Que conversa é essa de que tudo tem de ser igual? Que caretice de querer que todos pensem da mesma forma?

Não caminhei por trilhos, é o que sempre digo, muito menos pretendo caminhar agora, depois de quarenta e seis anos de vida artística. Pergunto: Será que se os artistas que surgiram nos anos 1960 e 1970 começassem hoje teriam uma recepção calorosa? Penso que não, pois estamos vivendo um "encaretamento" estrondoso. É apenas uma constatação de quem vive o presente, não saudosismo. Para se ter uma ideia, durante as apresentações do Secos & Molhados a perseguição política era tão intensa que fui proibido de pisar em Brasília por dois anos. A censura aumentava

---

* "Ney se mune do consumo de determinados objetos para dar vida a Ney Matogrosso; logo, o consumo de objetos considerados pela sociedade como pertencentes ao universo feminino culminou na antecipação de estereótipos por parte da sociedade da época, pelo fato de não reconhecerem em Ney uma postura masculina condizente com a da época. Dando continuidade, pode-se afirmar que o cantor contestou os padrões hegemônicos, principalmente aqueles relacionados a representações do que é ser homem, podendo ser nitidamente visualizado em suas apresentações, assim como em algumas melodias, tanto da época do Secos & Molhados quanto em sua carreira solo. Se, de um lado, o cantor confrontava-se com a moral da época, por outro, conforme a bibliografia consultada, poderíamos considerá-lo ético, pois conduzia sua vida mediante o que achasse valer a pena, não seguindo os ditames da sociedade, como ele mesmo dizia: "Viver sobre trilhos predeterminados". Com relação à censura, tanto seus shows quanto a divulgação da banda sofriam boicotes. Esses fatos vêm reforçar que, sim, a identidade de Ney Matogrosso tensionou uma época autoritária de nosso país; contudo, não se pode deixar de enfatizar que mesmo a mídia, embora muitas vezes se negasse a citá-lo, lhe conseguia espaço para contestar, afrontar e, por fim, transgredir as normas da época. Sem dúvida, tanto Ney de Souza Pereira quanto Ney Matogrosso foram e são fundamentais para trazer o início da discussão sobre como alguns movimentos que despontaram em meados da década de 1960 conseguiram alicerçar e até mesmo inaugurar as discussões sobre as novas experiências de masculinidade, que emergem todos os dias. Da não necessidade de se afirmar, cotidianamente, por uma virilidade masculina." (POSTIGUEL, Danilo. 2014, p 8 -9).

a classificação etária dos meus shows, mas quanto mais me cerceavam mais eu enlouquecia no palco. Minha atitude, meu comportamento, sempre foi político. Isso é o que algumas pessoas de esquerda não compreendiam – e, talvez, ainda não tenham compreendido. Achavam que eu estava fazendo apenas entretenimento, pois na visão deles eu tinha que gritar "abaixo a ditadura!" para ser politizado. Eu acreditava, como acredito até hoje, que exercitando a minha liberdade posso ampliar os horizontes de quem está ao redor. Minha intenção era provocar, fazer o outro se perguntar: "Isso é possível?" Sim, é possível ser livre, eu afirmava pelo comportamento. Nunca me identifiquei com essa forma tradicional de política, embora no início tenha me identificado com as ideias da Revolução Cubana.

Havia nos anos 1970 uma liberdade individual que hoje não existe mais, ninguém estava preocupado com o que cada um fazia no seu íntimo, simplesmente elas se davam a liberdade de experimentar. As pessoas, diferentemente de hoje em dia, tinham mais liberdade de serem o que eram. Por outro lado, vivíamos um momento muito tenso politicamente com a ditadura militar, um dos períodos mais tenebrosos da história do Brasil. É um paradoxo, sem dúvida. Nós vivíamos sob uma ditadura, e o comportamento era uma válvula de escape. Não havia essa história de politicamente correto de hoje, que é uma chatice. Todo mundo era liberado, talentoso, chegando com o pau duro, querendo fazer coisas interessantes.

Por parte do governo autoritário, havia uma perseguição política à minha pessoa que parecia não ter fim. Quando me apresentei com o Secos & Molhados no Teatro Treze de Maio, em São Paulo, recebi a visita de um homem que se dizia agente do DOI-CODI – estaria lá para me proteger de ameaças. Era um homem estranho que aparecia no teatro todas as noites, insistindo em me acompanhar até em casa. Com medo daquela situação surreal, todos os dias eu ia a pé para casa, enquanto aquele homem sinistro me acompanhava de carro. Era um horror, ele ficou um tempo me vigiando, todas as noites, até desaparecer. Lembro também de uma censora que ficava horas dentro do meu camarim, o nome dela era Cléo. Enquanto durou a temporada do Secos & Molhados no Rio de Janeiro, essa mulher louca ficou no meu camarim durante todas as noites, então eu fingia que não havia uma censora ali no meu espaço e fazia de tudo, inclusive andava pelado na frente dela.

Essa perseguição durou muito tempo. Em 1978, o advogado Alcides Barbosa da Cunha enviou uma carta ao ministro da Justiça dizendo que "o infeliz rapaz exibiu maneiras efeminadas, dando mau exemplo e desagregando a família", se referindo a minhas apresentações com o Secos & Molhados na televisão. É óbvio que isso desencadeou uma série de ameaças, eu recebia bilhetes me ameaçando de várias formas. A censura oficial implicava até com o olhar que eu fazia em cena, mas aí é que eu olhava ainda mais, encarava. Mas a perseguição não partia somente do poder oficial, vinha de pessoas diversas, inclusive anônimos recalcados. Com o passar dos anos, soube também de cartas de artistas que pediam que eu fosse proibido de me apresentar em lugares públicos, por representar "vergonha para a classe". Imagine o absurdo da situação, um colega de trabalho pedindo a minha cabeça. Por isso, eu me tornava cada vez mais abusado, agressivo no palco, a cada ameaça e enfrentamento que eu sofria.

É óbvio que ficava inseguro, mas a arma que eu tinha era não demonstrar que me sentia amedrontado, então pirava em cena. Acredito que eu só permanecia em cena, durante esse período, porque provocava um misto de aversão e fascínio, principalmente nas crianças. Eu me apresentava na televisão seminu, mas as pinturas do rosto serviam como um escudo de proteção, chegava nos lugares e as pessoas não sabiam quem eu era. O Secos & Molhados driblava a censura porque não gritava "abaixo a ditadura", nossas armas eram a música e o comportamento irreverente. A preocupação do governo era com a política partidária, com o comunismo. Fizemos uma guerrilha sem armas, nossa arma era a arte. E eu também usava minha libido desenfreada como munição, esfregava na cara de todos os hipócritas e conservadores.

Quando fiz o *Homem de Neanderthal*, o primeiro trabalho solo, a censura não me deixava ficar em temporada em nenhum teatro de Brasília. Procuramos, então, o ginásio de uma escola, a Dom Bosco, onde nunca tinha acontecido um show. A perseguição continuou quando fui fazer o *Bandido*; eles me proibiram todos os lugares de apresentação. Depois do *Bandido*, no final dos anos 1970, fiquei proibido de pisar em Brasília. Havia uma lista dos artistas perseguidos pelo regime militar: Rita, Caetano, Gil, eu... Definitivamente eu não era uma pessoa que agradava a ditadura, então acabava cultivando um ódio horroroso por essa gente covarde. Mesmo durante a ditadura, sendo ameaçado por estar me "excedendo", nunca pensei em sair do Brasil, pelo contrário, sentia mais vontade de ficar no país para confrontar esses hipócritas que estão na política. As pessoas que defendem a ditadura não têm ideia do que é viver num país onde as pessoas desapareciam, eram torturadas, jogadas vivas de aviões na restinga da Marambaia. Um ser humano minimamente consciente se revolta contra uma possibilidade de tortura, é simples. Prefiro acreditar que esses militantes de extrema direita, que perderam a vergonha na cara para expor seu ódio e preconceito, são equivocados e desinformados.

Já os anos 1980 me deixaram marcas profundas, pois no momento em que vivíamos uma grande efervescência cultural, principalmente no rock brasileiro, de repente chegou a aids. Vivíamos uma fase de grande expansão de liberdades, com liberação sexual e comportamental, que a ditadura não conseguia cercear. A epidemia de aids surgiu e cortou a liberdade pela raiz, foi uma regressão imensamente triste e, assim, passamos a ser comandados por essa caretice econômica. Cheguei a subir no palanque das Diretas Já, mas hoje não tenho mais ilusão quanto à política como veículo transformador da sociedade.

O sistema político do Brasil é tão corrupto como nos outros países. Tive esperanças no governo do Lula, acreditei que seria diferente, e minha decepção foi enorme quando estourou o escândalo do Mensalão. Desde então me afastei definitivamente da política, não tenho mais interesse por nenhum político. Essa gentalha que está ocupando os governos não me comove, não me interessa. O poder corrompe o rico e o pobre, todos ficam enlouquecidos e cegos pelo poder, fazem qualquer coisa para não se afastar mais dele. Penso que os políticos não deveriam ganhar dinheiro, deveriam doar o serviço à nação e receber um salário simbólico, uma coisa mínima, para sobreviver apenas.

Curioso é que, quando Itamar assumiu, em 1992, a revista *Veja* me entrevistou sobre a situação política, e eu disse: "Estou cansado, desde que me entendo por gente os políticos nos pedem para ter esperança". Estamos em 2018 e parece que não mudou nada. Toda essa situação me deixa insatisfeito, me deprime pensar em tudo o que está acontecendo no cenário político atual. Nunca me lamentei de ter nascido no Brasil, meu amor pelo país é anterior a toda essa gentalha política, o que tem de mudar é o sistema todo. Penso que esse é o momento de propormos uma reforma política, uma verdadeira transformação. Amo o meu país e gostaria de ver essa transformação, o povo brasileiro merece ter políticos honestos com propostas sociais reais.

Dos anos 1990 para cá, apesar dos avanços sociais, a situação política do nosso país piorou muitíssimo, o que presenciamos é um enorme retrocesso, em todos os sentidos. Depois da ditadura, confesso que eu esperava um governo minimamente ético. Não é o que temos vivenciado nos últimos anos, só vemos corrupção e impunidade. Outro dia viralizou na internet uma entrevista de que participei com a Bruna Lombardi[*], no início dos anos 1990, quando completei 21 anos de carreira, em que falo sobre corrupção, inclusive publiquei no Instagram. As pessoas ficam impressionadas com a atualidade do depoimento, sabe por quê? Porque, infelizmente, nada mudou. Na entrevista falo que sempre percebi com grande clareza o que não me interessava: corrupção, maledicência ou sacanear as pessoas. Nunca optei pelo caminho mais fácil da corrupção, ao contrário da maioria dos políticos brasileiros que vemos ainda hoje, de forma tão explícita. E parece que essa situação política só tem piorado, não vejo nada mudar. Infelizmente, carrego um pessimismo grande, de quem já viveu muitas decepções em função de avanços

---

[*] Nos anos 1990, a apresentadora e atriz Bruna Lombardi entrevistou várias personalidades da música, cinema, TV e literatura, abordando com intimidade uma conversa sobre a carreira dos convidados. Entre os entrevistados, além de Ney Matogrosso, a banda Kiss, Rita Lee, Jon Bon Jovi, Tom Hanks, Harrison Ford, Tom Jobim e Keith Richards.

que não se concretizaram. Não sou desses que acha que antigamente era tudo melhor – mas essa desarmonia está notória, basta ligar o noticiário que vemos a decadência. Apesar do pessimismo diante do retrocesso político, penso que estamos no planeta para evoluir. Os nossos passos de evolução são lentos, ocorrem entre atrasos e avanços. O problema é que as armas do atraso são muito agressivas, ignorantes.

Diante do contexto político atual, lembro da genialidade do Cazuza com o verso "eu vejo o futuro repetir o passado". Ele compôs "O tempo não para" nos anos 1980 e a música é perfeitamente compatível com 2018 e será com 2019... e, infelizmente, pelo que temos acompanhado no processo de destruição da democracia e das políticas sociais no Brasil, num futuro próximo. Quando ocorrerá uma mudança? Em paralelo com tanto horror, é deplorável o contínuo desmatamento das florestas e o extermínio dos indígenas no Brasil. Parece que não estamos aprendendo com a história, ainda vamos nos envergonhar de toda essa situação de retrocesso, pois o tempo é implacável. Me sinto extremamente envergonhado quando olho para o Congresso, principalmente com a mistura de religião e política, quando a Constituição brasileira afirma que o Estado é laico. Igreja, religião e política não devem ser misturadas, definitivamente. É um problema misturar religião com política, na tentativa de impor ordem na liberdade individual, pois isso gera preconceitos.

Nunca irão conseguir controlar o desejo, a sexualidade; é uma batalha que os conservadores e patrulhadores da vida alheia já perderam. Vivemos numa sociedade mais hipócrita, careta, conservadora e retrógrada. Hoje, por exemplo, enxergo o florescimento da tentativa de quebrar as barreiras de gênero como afirmação de liberdade de expressão, é bonito ver que as pessoas querem se mostrar como são, sem precisar fazer tipo, usar máscaras ou se esconder, mesmo diante do preconceito e da ignorância. Respeito muito a verdade de cada um, isso deve ser respeitado, pois as pessoas têm o direito de ser como são.

Eu quero ter liberdade de expressão, de atuar politicamente como eu desejar. Como já disse, nunca tive a intenção de atuar no movimento gay, ou me transformar num estandarte. Há muitos outros assuntos que me interessam e eu quero defender, não tenho interesse em me restringir a um único movimento. Eu sempre disse, e repito, antes de qualquer coisa eu sou um ser humano. A parte masculina ou feminina que as pessoas enxergam em mim é reflexo delas próprias, o que faço é misturar essa compreensão. Se há pessoas que se consideram mais fortes, ligadas a um determinado movimento, maravilhoso, participem e se manifestem, mas não podem obrigar ninguém a fazer o mesmo.

 Talvez seja essa compreensão política, e senso de história, que o jovem cantor não alcançou ao reagir à minha declaração na *Folha de S. Paulo*: "Gay é o caralho. Sou ser humano". É o que acredito, de verdade. Temos de respeitar as diferentes formas de atuação de cada um, apenas. Penso que, mesmo sem carregar a bandeira do arco-íris, de alguma forma contribuí para avanços nas pautas de reivindicações políticas do movimento gay. Minha luta sempre foi mais abrangente, defendo o direito do ser humano ser feliz, coerente e honesto. Nesta situação recente, quando li o comentário do tal cantor "do alto da minha cobertura no Leblon", logo entendi que tinha inveja na história e então ignorei totalmente, não me pronunciei sobre isso, e o assunto durou três dias. Outra polêmica recente partiu de um jovem de extrema direita, que me abordou como se fosse meu fã para tirar uma foto e depois postou nas redes sociais, afirmando que eu era defensor do *impeachment* da Dilma. Fez isso de má-fé, sem perguntar minha opinião e pedir minha autorização para divulgá-la. Só depois da mentira viralizada é que eu soube que se tratava de um integrante do MBL (Movimento Brasil Livre), um grupo ultraconservador e envolvido com escândalos de *fake news* e outras podridões. Por fim processei e ganhei a causa judicial para retirar da rede a tal postagem. Não poderia fazer uma afirmação sem ter me perguntado, não sei o que passa na cabeça dessas criaturas. Por um instante, vi no *impeachment* talvez uma saída para a crise política e social do país, mas nunca tomei partido sobre o assunto porque penso que o sistema político como um todo precisa ser modificado.

 Todo o meu comportamento, ao longo da minha carreira, é um ato político. Desejo um mundo justo de respeito ao próximo, onde ninguém seja mais do que ninguém porque tem dinheiro.

É uma utopia, mas espero ainda ver essa transformação no planeta Terra. O engraçado é que, mesmo com o passar dos anos, o que eu fazia nos anos 1970 parece estar atual, pois o mundo está mais careta em todos os sentidos. O que me deixa aliviado é que, em paralelo ao conservadorismo, tem surgido um movimento de liberdade, uma resistência muito forte em contramão a essa gente careta e covarde. Existe hoje uma juventude, forte e livre, que não tem governo nem nunca terá. Há uma geração potente, cheia de vida e tesão, que não vai se permitir passar pelo que passei.

Existem épocas de transgressão e de regressão. Neste momento, nós estamos num período de regressão, mas daremos outros passos em direção à liberação. Temos de ser mais pacientes, queremos tudo para hoje, queremos as mudanças todas para agora, mas não é assim que a dinâmica de evolução funciona, essas ondas têm um movimento. É como o mar, vem e vai. Acredito que todo esse retrocesso faça parte do processo evolutivo da humanidade, embora a maior parte das pessoas não tenha consciência. Não é só para a frente que se anda, faz parte dar passos para trás. Penso que neste momento estamos, enquanto humanidade, dando vários passos atrás. Mas eu continuo acreditando num processo evolutivo, pois o plano do espírito é evolução, apesar de todas as forças contrárias que estamos testemunhando, vivenciando. É um momento estranho, mas não perco a esperança de que seja uma oportunidade de a humanidade dar um salto quântico em nossa consciência. Estamos entrando na Era de Aquário, que promoverá essa liberação. Toda essa sordidez que a gente está vivendo no mundo faz parte do processo para Aquário se instalar, e colocar para fora toda a imundície humana. É necessário que a situação fique visível para que a transformação neste planetinha azul comece de fato a acontecer.

9
ATÉ O FIM

Liberdade, princípio de vida.

QUANDO EU MORRER
VOLTAREI PARA BUSCAR
OS INSTANTES QUE NÃO
VIVI JUNTO DO MAR

SOPHIA DE MELLO BREYNER ANDRESEN
INSCRIÇÃO IN *"LIVRO SEXTO"* (1962)

O tempo é meu aliado, a minha casa. O tempo é uma invenção, ele simplesmente é. O tempo sou eu. Eu sou. Esse tempo contado, fragmentado, não existe, nós é que o inventamos. O tempo não está passando por nós, e sim nós é que estamos passando por ele. Somos nós que acessamos o tempo em algum instante. Se eu me submetesse ao tempo já seria um homem velho. Não tenho medo do tempo, tenho medo é do mar. Acredito que meu medo do mar seja um trauma de infância, quando minha família viajou da Bahia para o Rio de Janeiro de navio, durante a guerra, e pegamos um intenso temporal. Minha memória desse episódio é muito fragmentada, mas recordo das lembranças de minha mãe: ela diz que eu fiquei na cama olhando a tempestade por uma pequena janela redonda, vomitando o trajeto inteiro de tanto enjoo. Estava tão assustado com a tempestade e com a imponência do mar que não conseguia levantar da cama. Teve também outro episódio na infância em que me afoguei no mar e fui resgatado por um homem que não tinha um braço. Penso que esse medo do mar se alastrou por toda minha vida, mas não me paralisou, me fez aprender a lidar com o tempo. De mim podem esperar muitas mudanças, não tenho medo do tempo. Eu faço o meu tempo da forma como penso e digo, como encaro a vida: trabalho com a palavra, sou um ator que canta. A palavra é o pensamento materializado, pois as palavras têm poder. Os místicos já diziam isso, nós criamos o nosso tempo.

Caminhei pela vida tentando a todo instante ser uma pessoa coerente, com a verdade dos meus ideais; não olho para trás com arrependimento, tenho orgulho de tudo que vivi, absolutamente tudo. Olho para meu passado com liberdade, sem medo, com a consciência de que não me debati diante das adversidades. Não tenho medo da morte, nem sinto saudades do jovem que já fui. Estabeleci uma reta, segui meu caminho e, apesar dos desvios, não me perdi. Absolutamente, não me perdi.

Quem analisar minhas declarações públicas, em diferentes tempos, vai perceber que sempre agi com verdade e coerência, em defesa da liberdade. Há tempos, venho batendo na mesma tecla: a liberdade. Óbvio que essa liberdade é perpassada por uma libido agressiva, eu sou assim. Hoje, aos 77 anos, minha libido anda ótima, ainda mais para minha idade. Era escravo do sexo, não dormia se eu não transasse, e agora minha libido se acalmou, gosto de sexo mas não sou mais um escravo dele, se mostro minha libido no palco é porque existe em mim.

Vivo o presente. Não me interessa o amanhã, evito fazer planos. E ontem é passado, não tenho apego. Tenho lembranças, mas nada me puxa para trás. Minha vida é agora! É neste momento. A margem de controle da vida é muito ínfima, vivo um dia de cada vez. Tento verdadeiramente colaborar no presente para que possamos passar pela vida com mais liberdade. Era mais fácil viver na década de 1970 do que hoje? Sem dúvida. Mas o que vou fazer se estamos vivendo o agora? Viver o presente com alegria. Sou focado no momento presente. Tenho respeito e carinho pelas experiências que vivi, mas não gosto de ficar apegado ao passado. Não sinto saudade, nem de mim mesmo.

Aprendi a não guardar mágoas, esse foi um grande aprendizado do tempo. Minha filosofia de vida é manter a mente aberta ao novo, não sou uma pessoa saudosista. Não me sinto nem um pouco velho, faço quase duas horas de show, com fôlego e flexibilidade, dançando e cantando, penso que é importante mostrar que uma pessoa que passou da casa dos 70 anos não precisa estar de pijaminha na frente da televisão. Continuo cheio de sonhos e desejos, trabalhando, cantando, fazendo shows e projetos nos quais acredito. Utilizo minha energia para criar, para fazer as coisas que mais amo, como cantar. O que me motiva a continuar trabalhando, todos esses anos, é o prazer com minha arte, meu canto e meu público. Fico muito emocionado, ao acompanhar gerações diferentes descobrindo meu trabalho, principalmente o público mais jovem. É lindo ver o brilho dos mais jovens descobrindo Secos & Molhados, isso me mantém vivo.

É claro que, para dar conta dessa maratona de shows, me preparo fisicamente, pratico atividade física, mas não é essa a fonte de minha da vitalidade. Não saberia explicar essa força que se apresenta quando estou no palco. Com o passar dos anos, compreendi que manter a vitalidade é muito mais do que uma questão física, acredito que a energia vital está relacionada também com a nossa mente. Nem por isso deixo de cuidar do corpo, mas não para ficar musculoso, apenas para manter o tônus.

Quando completei 50 anos, decidi cuidar do meu corpo físico com mais atenção. Lembro que estava pelas ruas do Rio de Janeiro e vi um homem com mais de 80 anos, de pele toda enrugada, caminhando de sunga e tênis. E debaixo da pele, tônus muscular. Foi assim que percebi que era possível envelhecer com dignidade e corpo saudável. Diante daquele exemplo que a vida colocou no meu caminho, comecei a mexer o corpo, praticar musculação e ginástica: acordo, tomo o meu café, o *personal trainer* chega e logo praticamos 45 minutos de exercícios intensamente. Pratico exercícios físicos desde 1996 para manter o tônus muscular, mas não tenho a intenção de me tornar um homem forte. Quando deixo de me exercitar, sinto falta e passo a sentir dor, mexer o corpo sempre me fez bem.

Me perguntam a todo instante como mantenho minha saúde, digo sempre que o vigor é meu, o restante é cuidado constante. Cuido bem do meu aparelho, meu corpinho, pois tenho a consciência de que estou ocupando esse corpo. Eu não sou esse corpo, eu o ocupo e cuido dele. As pessoas têm a fantasia de que me drogo até hoje. Já usei todas as drogas disponíveis nos anos 1970, e parei porque também não sou uma pessoa de vício. Ao contrário do que imaginam, eu nunca entrei no palco sob efeito de droga, o palco é sagrado para mim. Hoje me mantenho saudável, nem bebo, e busco me integrar cada vez mais com a natureza. Tenho absoluta consciência de que estamos aqui de passagem, que o corpo é só o veículo dessa viagem. Realmente acredito que nós viemos aqui na Terra para vivenciar um processo evolutivo, de autoconhecimento e entendimento da vida.

Sei que meu físico vai mudar, meu rosto, minha pele e meu cabelo, mas faz parte do processo da vida. Se eu não me sinto velho por que devo me comportar como um velho? Num dos meus últimos checapes, o meu médico, dr. Sergio Timerman, diagnosticou que meu organismo é como o de uma pessoa de 50 anos. A única alteração no meu checape é meu colesterol, nunca pensei que uma pessoa magra pudesse ter o colesterol alto.

É engraçado, olhar para trás e lembrar que diziam que aos 40 anos eu perderia a minha voz por forçá-la demais. É claro que, ao longo do tempo, minha voz mudou, a cor dela se transformou e adquiri médios e graves, mas ainda consigo alcançar as notas de uma forma que sinto satisfação. Hoje considero minha voz mais completa do que na época do Secos & Molhados, quando só alcançava as notas agudas.

Tenho uma saúde muito boa, mas me cuido: não bebo álcool e não fumo cigarro – parei há cerca de 20 anos. E, aliás, sempre gostei de comer pouco, é algo da minha natureza, me alimento bem, mas não sou de comer muito. Nunca escondi minha idade, muito menos tenho a intenção de ficar puxando e cortando meu corpo. Não quero ficar parecendo uma múmia, como vejo algumas pessoas, prefiro envelhecer dignamente.

Eu gosto das minhas rugas, não quero escondê-las, tento ser coerente com minha própria história, por mais que eu faça curvas, sei onde quero chegar. Não sou racional, tenho um lado sensitivo que me leva a buscar os mistérios da vida, tenho um lado místico que me ensina a lidar com o tempo e consequentemente com meu corpo.

    Não me sinto um velho, vivo o presente com satisfação e consciente de minhas limitações. A única coisa que me incomodou no envelhecimento foi ter perdido minha visão de águia, então tive de fazer uma cirurgia para recuperá-la. Se eu puxar a minha mãe, irei longe, cheio de saúde. Minha mãe tem 96 anos e está com a cabeça ótima, tem uma memória melhor que a minha, além de ter uma ótima visão. Minha família é longeva, o avô de minha mãe eu o conheci com 104 anos. Estou há quarenta e seis anos trabalhando sem parar, houve um tempo em que fazia dois shows ao mesmo tempo, revezavam as bandas, revezava a equipe, e eu estava lá, firme e forte. O tempo passa, e me sinto a mesma pessoa entusiasmada.

    Não sofro com a passagem do tempo, tenho atenção ao ridículo, converso muito comigo em frente ao espelho: "Estamos bem, apenas mudando, então aceita o momento presente sem sofrimento", digo. Essas reflexões sobre a finitude sempre permearam minha vida, a todo instante. A finitude, a efemeridade da existência, nunca foi um problema para mim. Como penso bastante sobre essa questão coloco mais energia no trabalho. Talvez para aproveitar melhor o tempo enquanto ainda tenho vitalidade para criar, realizar o que desejo artisticamente. Infelizmente, vivemos numa sociedade que acredita que quando a pessoa está com uma idade avançada tem de mudar seu modo de ser. Não, absolutamente, não acredito nisso. Temos de ter a liberdade de ser quem somos, pois nascemos livres.

    Quando estava me aproximando de completar 60 anos, que eu considerava uma idade emblemática, tive uma pequena crise. Era uma questão, não uma crise. Uma questão ridícula, eu pensava que não poderia usar mais as roupas apertadas como sempre usei. Até o meu peso é praticamente o mesmo, com cerca de 60 quilos, quando mais jovem pesava uns 53 quilos. Percebi que nada mudou, apenas a forma como encaro essas questões, sendo quem realmente sou. Fiquei inseguro, achava que com 60 anos roupas apertadas não ficariam bem em mim.

Bobagem, estou aqui aos 77 anos e nada mudou, continuo usando as roupas que quero.

Tenho consciência de que, algumas vezes, estive próximo do ridículo, mas nunca temi chegar perto desse abismo. Aprendi que seria mais ridículo não ultrapassar as fronteiras, não me colocar no risco. Ao longo de minha trajetória, sempre me coloquei em risco, nunca me acomodei, aos 70 anos fui fazer o *Bandido da Luz Vermelha* no cinema... Quero o risco, até o fim da vida, sempre gostei do risco. Não vou parar de trabalhar porque a sociedade entende que a pessoa com mais idade tem de ficar no sofá vendo TV. Gosto de trabalhar, de realizar minha arte, gosto muitíssimo e tenho até dificuldade de tirar férias.

A velhice está na cabeça das pessoas, lido com naturalidade com a passagem do tempo e com a morte. A morte nunca foi um problema para mim, ao contrário, sempre me causou fascínio. Na infância eu fugia de casa, andava uma distância enorme, só para ficar sozinho no cemitério apreciando a calma do lugar. "Quem não vive tem medo da morte", tenho um disco com esse título. As pessoas ficam assustadas porque falo da morte com muita naturalidade, pois da mesma forma que aceito a velhice, aceito a morte. Passei a compreender a morte e aceitá-la quando perdi muitos amigos, pois fui obrigado a pensar e a refletir sobre a finitude.

Perdi muitos amigos de uma só vez no auge da epidemia de aids, nos anos 1980. Como não pensar na morte, ao perder pessoas que se ama? Como não pensar na morte, tendo que ir ao cemitério enterrar três amigos numa única semana? Vivi o apocalipse, então fui obrigado a lidar com a morte com naturalidade. Quando vivi essas perdas imensas em minha vida, pensei que era uma pessoa preparada para a morte. Naquela ocasião eu não estava preparado, fiquei muito triste, apático, não saía de casa, fiquei muito mais quieto no meu canto. Lembro que, naquele período da vida, eu tinha uma gata chamada Rita, que dormia comigo, andava atrás de mim o tempo todo, parecia um cachorro. Depois de passar por essa tempestade, me tornei uma pessoa preparada para lidar com a morte. Não sinto tristeza diante da morte, sinto aceitação e tranquilidade diante de cada etapa da vida.

Eu não sofro com o envelhecer, e muito menos com a ideia da morte. Eu aceito a ideia da morte porque é inevitável. Relaxa e goza, não adianta sofrer. Quando chegar o meu momento de partir só não quero sofrimento, pelo amor de Deus. Não quero ficar chorando e gemendo num vale de lágrimas. Só desejo estar consciente e tranquilo no fim da festa, ao fazer minha passagem para outro plano. Sim, porque existe outro plano, seria muita arrogância acharmos que somos os únicos com vida inteligente neste espaço-tempo. Sem dúvida estamos em evolução, mas não somos os únicos.

Minha percepção é que estamos vivendo um tempo acelerado, de muita informação, pouca reflexão e contato real. Sem dúvida, a internet é uma tecnologia importante, mas contribui bastante para os isolamentos do ser humano. A única coisa que eu tenho é Instagram, porque gosto de fotografar, mas não sou dependente do mundo virtual, prefiro o mundo real. Não gosto de televisão, só uso celular e internet por necessidade. Não quero papo, muito menos bater boca, em rede social. As pessoas estão muito agressivas, com ideias polarizadas, e isso é muito desgastante. Talvez por esse motivo, eu não tenha perfil no Facebook, não tenho interesse em participar de uma rede onde as pessoas têm opinião para todas as coisas, não sabem ficar em silêncio.

Não tenho problema algum em ficar sozinho no meu mundinho, gosto muito de ficar em casa, inclusive preciso ficar um tempo sozinho. Gosto de passar muito tempo em contato com a natureza, quer conexão melhor? Por isso, quando tenho um tempinho, vou para minha fazenda e fico na minha. Lá é o meu recanto de paz, um pedacinho de Mata Atlântica, uma RPPN (Reserva Particular do Patrimônio Natural), 148 hectares perto de Saquarema, no litoral do Rio de Janeiro.

Com a macaca sagui Vitória, na varanda do meu apartamento na Rua Carlos Góes, no Leblon, no Rio, em 1974.

Não sou da noite, não sou de boate, não sou de festa. Nem ando em bando, gosto de estar sozinho, sou recatado. Minha confraternização, minha festa, é no palco com o público. Meu grande prazer, desde menino, é estar em contato com a natureza. Eu preciso disso, me revitaliza, enche meu coração de energia. Mas que fique claro que não sou solitário, não sou sofredor, sou muito bem resolvido em relação à solidão.

Quando assisti ao documentário *Olho nu* fiquei um pouco incomodado, então conversei com o diretor Joel Pizzini e disse que havia ficado com a impressão de que estava sendo mostrado como um ser tristonho, solitário, que não correspondia a minha pessoa. Tenho alegria de estar sozinho, além de compartilhar minha vida com amigos, pessoas que amo. Tenho muitos amigos com quem eu tenho conversas verdadeiras, profundas, pessoas com as quais eu tenho total intimidade para falar minhas fragilidades. Não tenho mais medo de me expor quando estou frágil, nem fico infeliz com a solidão, preciso dela, pois me inspira e me pacifica.

Vivo sozinho desde que saí de casa, aos 17 anos, e compreendi que a solidão pode ser prazerosa. Estar sozinho é um aprendizado, gostar de sua própria companhia é um presente. Não preciso ter alguém ao meu lado porque estou mais velho, escolho me relacionar com quem tem caráter, ética, honestidade e bom humor.

O envelhecer é um estado mental, não precisa estar relacionado com carência afetiva. Não fiquei velho, não fico pensando que o passado foi melhor do que presente, não me lamento do tempo que passou. Como alguém consegue viver preso ao passado? Eu não consigo, eu vivo o presente. O que mudou? Não tenho a mesma ansiedade de antes, principalmente em relação ao sexo, essa energia vital, criadora, que me faz ser quem sou.

Esse senhor tão bonito – como canta o Caetano – traz algo único, uma serenidade incrível. É algo que, não adianta, ninguém vai ensinar, não tem pai ou mãe, escola ou guru, ninguém. O tempo é soberano e um grande professor. Tempo, tempo, tempo, tempo... O tempo me ensinou que o que importa na vida é gerarmos energias positivas em troca com o outro. Seja no palco ou fora dele, procuro estabelecer uma troca de frequência de amor. Ao longo de minha vida cultivei uma relação de gratidão com o tempo, realmente agradeço por chegar aos 77 anos com um corpo extremamente saudável. Acabei de encerrar a turnê do *Atento aos Sinais*, após uma inédita temporada de cinco anos consecutivos de muitas apresentações. O que vou fazer agora? Descansar, para em seguida continuar cantando, fazendo shows.

Quero continuar abordando em meu canto tudo o que me apetecer, com toda a transgressão que é natural no meu espírito. Não tenho dúvida de que estou encarnado neste corpo para transgredir a organização da sociedade humana, careta e covarde. Não tem governo ou Igreja que vai controlar o meu, os nossos sonhos e desejos. A única coisa que me deixa triste com a passagem do tempo é perceber que estamos nos tornando cada vez mais caretas, conservadores e preconceituosos.

Sigo obedecendo uma voz dentro da minha cabeça, que me orienta a falar a verdade. Optei sempre pela verdade, assim sigo com a minha consciência tranquila. Não tenho rabo preso com ninguém, só trabalho com a verdade. Desde o início da minha vida pública, com o Secos & Molhados, quando nunca tinha dado uma entrevista na minha vida, a voz surgiu dentro de minha cabeça: simplesmente, fale a verdade. Foi o que fiz, e faço até hoje.

Amo ser assim, amo ser quem sou. Escolhi não ter de conviver com as mentiras, mas ter a liberdade de me expressar como desejo. Sinto um enorme prazer de não ser um hipócrita, e muito menos ser submetido à hipocrisia. Eu nasci transgressor, vou morrer transgressor.

Meu destino é ser um astronauta lírico, com toda liberdade. Neste tempo de gente insana, sou bastante consciente do poder da palavra, do canto, da energia que emitimos para o outro.

Tenho consciência do exercício da liberdade, vou morrer defendendo a liberdade, até o fim. Sou um homem livre, somos seres livres e temos de afirmar isso o tempo todo. Gostaria que a lembrança sobre minha passagem neste planeta seja de alguém que ousou lutar contra a hipocrisia e queria voltar como espírito guardião da natureza. Quero ser lembrado como uma pessoa que defendeu a liberdade e espero, sinceramente, que enxerguem na minha vida o reflexo dessa liberdade. Quero ir em paz, na hora que tiver que ir, e no meu epitáfio estará escrito assim: "Viveu livre!"

No show de encerramento da polêmica exposição
Queermuseu: cartografias da diferença na arte brasileira,
Parque Lage, Rio de Janeiro, em setembro de 2018.

Participação no clipe da música "Rumos e Rumores", de Vitor Pirralho, em 2017, em que interpreto um pajé.

Saindo do mar em Saquarema, durante o Festival *Som, Sol e Surf,* organizado por Nelson Motta, em 1976.

Na fazenda Matogrosso, em Saquarema,
no Rio de Janeiro, em conexão com a natureza.

Com a Ana Cañas, na estreia do show *Volta,* em que assinei a direção e o figurino em 2012.

Ao lado, no show *Matogrosso*, no palco do Canecão, em 1982.

Amigos queridos num bar do Leblon: Ezequiel Neves, à esquerda, Roberto Frejat e Cássia Eller, Rio, em 1997.

Ao lado, no ensaio feito pelo Bob Wolfenson, em São Paulo, 1986.

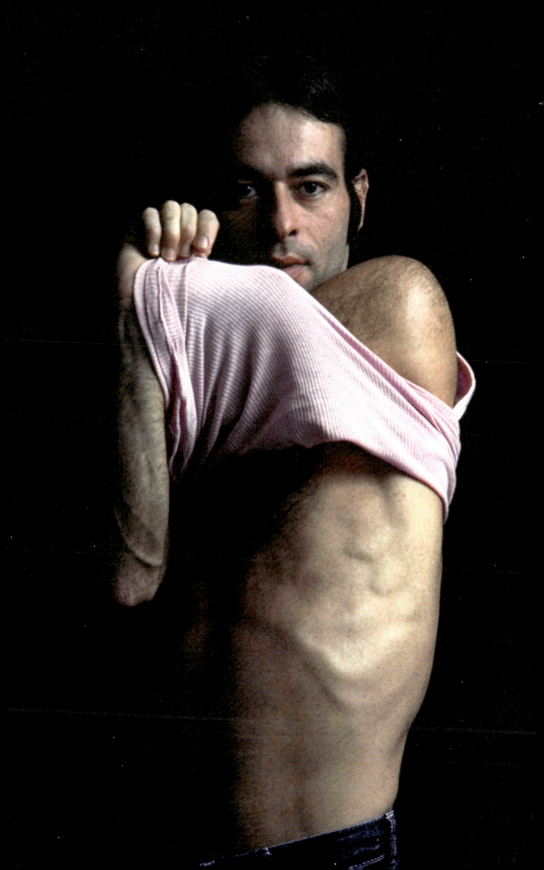

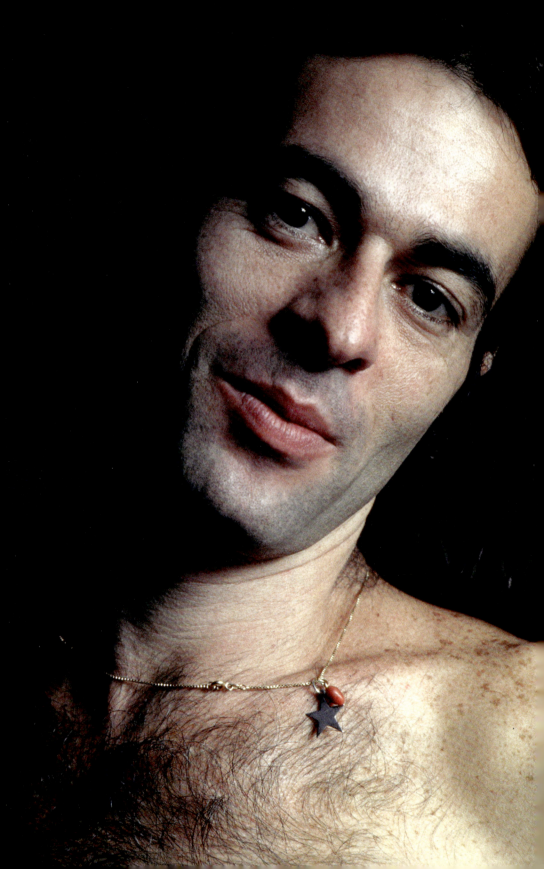

Na foto acima, dirigindo Marcus Alvisi no teatro, na peça *Dentro da noite*, de João do Rio, em São Paulo, 2010.

Ao lado, no mesmo ensaio da página anterior, em São Paulo.

Na página ao lado, com Elza Soares, no camarim do show de George Israel, em julho de 2010, no Canecão, Rio de Janeiro, e com Nelson Motta, também no Rio, em 2012.

O famoso beijo na Mart'nalia, após apresentação do show *Não Tente Compreender,* do qual assinei a iluminação, no Vivo Rio, em 2012.

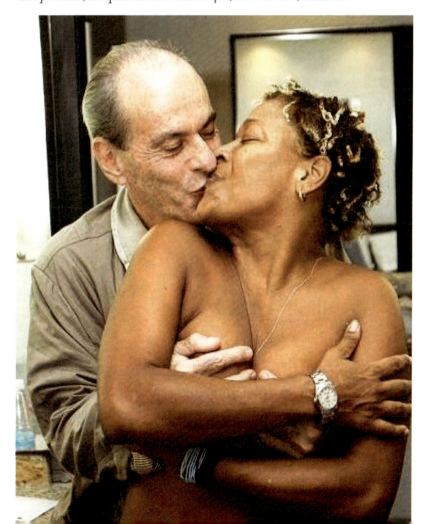

No Festival de Montreux, em 1983, o artista americano Keith Haring, que fez o pôster do evento daquele ano, desenhando uma obra inspirada na minha apresentação. Ele me deu a tela de presente no final – só que roubaram a obra, e nem a organização do festival soube explicar bem o que aconteceu. Só restaram essas imagens da performance de Haring.

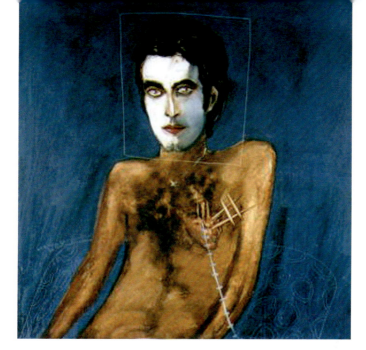

Retrato feito pelo artista Siron Franco (óleo sobre tela, 1978). Abaixo, obra da artista grega Alkistis Michaelidou, que compôs a exposição *Ney Matogrosso – A Primordial Revolutionary* em Atenas (óleo sobre tela, 2018).

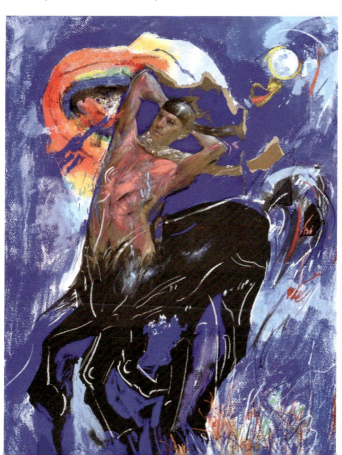

No Canecão, com Eduardo Dusek, em julho de 1985, no camarim do show *A Marca da Zorra,* de Rita Lee.

No camarim da Boate Beco, com Roberto de Carvalho e Rita Lee, em São Paulo, 1976.

Com Fernanda Montenegro, no camarim de um show na década de 1990.

Com o amigo Ary Brandi, nos jardins do MASP, nos anos 1970.

Ao lado, no Rio de Janeiro, em foto no Leblon, na mesma década.

Com o terninho de lã que me salvou do frio em São Paulo, no começo da carreira, no início da década de 1970.

Na página ao lado, com figurino de *Bandido*, nos anos 1980.

Festa no Rio com Guilherme Araújo e Gal Costa no carnaval do Pão de Açúcar, em 1979.

ÍNDICE ONOMÁSTICO

A

A Parede 100
Abreu, Ângela 142
Abreu, Caio Fernando 8-9, 243
Aguiar, Sindoval 244
Alcântara, Livino de 55, 235
Alcina, Maria 67
Alice, Maria 68
Almeida, Araci de 98
Alves, Francisco 28, 99
Alvisi, Marcus 115, 211
Amado, Camila 115
Amback, Sacha 126, 130, 249
Antonio, Paulo 116
Apolinário, João 231, 251
Araújo, Guilherme 222
Araújo, João 135, 136
Araújo, Lucinha 135, 139, 143

B

Balabanian, Aracy 110
Baltar, Amelita 106
Bandeira, Manuel 32, 69, 236
Baptista, Arnaldo 284
Barão Vermelho 139, 140
Barbosa da Cunha, Alcides 180
Barbosa, Abelardo (Chacrinha) 69
Barros, Josué de 98
Barros, Manoel de 110
Barthes, Roland 13-14
Bartholo, Gilberto 55
Batista, Dircinha 99, 115
Batista, Linda 115
Bedran, Bia 115
Black, Dani 126, 250
Blake, William 158
Blavatsky, Helena 162
Bond, Billy 105
Bonifácio, José 66
Borba, Emilinha 100
Borges da Fonseca, Luiz Fernando 58, 59, 92
Borges, Jorge Luis 108
Bowie, David 76
Brack, Duda 124
Brando, Marlon 31
Brandi, Ary 62, 89, 145, 219
Bruno, Nicette 115
Buarque de Hollanda, Chico 67, 114, 118, 123, 125, 130
Buarque de Hollanda, Heloisa 278, 285

C

Camargo, Zeca 142
Cañas, Ana 114, 207
Carlos, Roberto 58, 69, 241
Carneiro, Geraldo 105
Carol, Martine 31
Carolina, Ana 110
Carrera, Emilio 72-73
Cartola 125, 142
Carvalho, Roberto de 216
Casé, Regina 117
Caymmi, Alice 124, 130
Caymmi, Nana 114
Cazuza 114, 130, 132, 134, 135-143, 148, 183, 243
Chacal 101
Chacrinha 69
Che Guevara, Ernesto 61
Chiquita, Dona 31
Chitãozinho 114, 275
Cinara (minha irmã) 20
Collor de Mello, Fernando 102, 105
Conka, Karol 130
Conrad, Gerson 60, 61, 62, 67, 72-73, 74, 79, 83, 130, 230-236, 239-242
Continentino, Alberto 130, 251
Coral do Elefante Branco 52
Corrêa, Rubens 110
Cosac, Nando 168
Costa e Silva, Artur da 66

Costa, Gal 67, 121, 222-223
Costa, Marcelo 130
Cravo Albin, Ricardo 130
Criolo 126, 250
Cunha, Milton 109, 276
Curiel, Gonzalo 284

D
D. Pedro 66
Dean, James 31
Deluqui, Fernando 116
Dode 47
Duarte, Regina 55
Duncan, Zélia 130, 251
Dusek, Eduardo 216, 243

E
Elisa (minha avó materna) 33
Eller, Cássia 208
Elvira (madrinha de minha mãe) 47
Elvira Pagã 28-29, 30
Erlanger, Luis 130
Escobar, Ruth 68
Espíndola, Alzira 251
Eugênia, Thereza 3, 151
Eugênio 50, 53
Euzébio, Pedro Ivo 284

F
Fagner, Raimundo 125
Faour, Rodrigo 13, 125, 286
Farinon, Juarez 113, 276
Fausto (meu avô paterno) 20
Ferreira, Mauro 13, 249, 286
Flavin, John 72-73
Franco, Itamar 182
Franco, Siron 215
Franco, Suely 115
Frejat, Roberto 130, 143, 208, 284
Frias, Marcelo 72-73, 74, 240

G
Gabriela 55
Gama e Silva 66
Garin, Laila 124, 130, 275

Garota (minha macaca) 12
Gavin, Charles 124
Gay (meu irmão) 20
Geisel, Ernesto 20
Gerchman, Rubens 92
Gianetti, Fernanda 52
Gil, Bem 124
Gil, Gilberto 67, 114, 124, 181, 234, 237, 274
Gilberto, João 100
Glorinha 54, 235
Gomes Serra, Peregrina 43
Gomes, Dias 53
Gonçalves, Nelson 28, 99, 100, 114, 275
Gonzaguinha 67, 108
Graber, Cinthya 130
Grande Otelo 31
Grey (meu irmão) 20, 40
Grilo, Gilda 165
Guimarães Rosa, João 64
Gullar, Ferreira 261

H
Hardy, Françoise 109
Haring, Keith 214
Helena, Maria 75
Hilst, Hilda 146
Hoffman, Bob 43
Hombu 115

I
Ignez, Helena 110, 111, 273-274

J
João Batista, São 74
João Penca e Seus Miquinhos Amestrados 125
Jobim, Tom 119, 125, 182, 245

K
Kerouac, Jack 142
Kiss 77, 182
Kubitschek, Juscelino 66

L

Lacerda, Carlos 66
Lago, Pedro 94
Lee, Beto 4
Lee, Rita 4, 12, 182, 216, 284, 286
Lena 54
Lenine 130, 249
Lima, Luís Filipe de 130
Lispector, Clarice 142, 244
Lobato, Monteiro 32
Lobo, Edu 67
Lombardi, Bruna 182
Lomelino, Ana Claudia 124
Loren, Sophia 31
Lucina 59, 100, 104
Luhli 58, 59, 60, 65, 76, 97, 100, 104, 162, 236, 240
Luís, Pedro 100, 130, 250
Lula da Silva, Luiz Inácio 175, 181

M

Machline, José Maurício 130
Maria, Angela 28, 99, 125, 243
Maria, Marco de 102, 137, 138
Mart'nália 114, 213
Martinez Corrêa, José Celso (Zé Celso) 109, 111, 245
Martins, Fred 262
Matogrosso Pereira, Antonio (meu pai) 19-21
Mazzola, Marco 108
Meira, André 284, 266
Mello Breyner Andresen, Sophia de 188
Melodia, Luís 67
Mendonça, Paulinho 20, 60, 68, 240, 242, 284
Michaelidou, Alkistis 130, 215
Miranda, Carmen 28, 60, 77, 98, 241
Montenegro, Fernanda 217
Moon, Scarlet 117, 135
Moraes, Everson 130, 249
Moraes, Vinicius de 32, 67, 130, 240
Moreira Lima, Arthur 101
Mota de Melo, Sebastião (Padrinho Sebastião) 157, 164
Motta, Nelson 13, 135, 203, 213, 237, 286
Moura, Paulo 101

N

Nação Zumbi 130
Naira (minha irmã) 20
Nakagawa, Dan 124, 251
Nascimento, Milton 34, 67, 105, 107, 232
Nava, Pedro 46
Neto, Torquato 18, 279
Neves, Ezequiel 140, 208
Nobile, Lucas 102

O

Oliveira, Dalva de 28, 244
Oliveira, Domingos de 273
Omar, Jorge 72, 73
Oscarito 31

P

Pampanini, Silvana 31
Paula, dona 54
Peixoto, Cauby 114, 274
Pera, Marília 143
Pereira, Vicente 162, 163, 168, 243
Perrone-Moisés, Leyla 14
Pessoa, Fernando 32, 142
Piazzolla, Astor 105, 106
Pirralho, Vitor 124, 126, 203, 251, 284
Pizzini, Joel 36, 110, 112, 198, 245, 246, 247, 248, 249, 286
Poladian, Manoel 113-114
Porro, Alessandro 142
Postiguel, Danilo 178
Presley, Elvis 31, 234
Proença, Maitê 130

R

Rabello, Raphael 100-103
Raia, Claudia 154

Ramil, Vitor 14, 249, 251
Ravenle, Soraya 130
Regina, Elis 67, 124
Ricardo, Cassiano 32
Ricardo, João 58, 60, 61, 68, 70, 71, 72-74, 76, 77, 78-79, 83, 91, 104, 231-234, 236, 239-242, 251
Ricardo, Paulo 99, 114, 116, 122-123
Rimbaud, Arthur 142
Rio Branco, Demóstenes 47
Rio, João do 115, 211
Rocha, Rafael 124, 251
Rodrigues, Antônio Carlos 74, 86, 240
Rogakos, Megakles 276
Romero, Nilo 143
Rosadas, Sérgio 73
Rosemberg Filho, Luiz 244
Rousseff, Dilma 184
RPM 113-114, 116, 274

S
Sá, Sandra de 135
Saar, Rafael 110, 273, 274, 286
Sacramento, Marcos 130
Saddy, André 110
Sangalo, Ivete 130
Santana, Perinho 134, 143
Santiago, Silviano 172
Sater, Almir 110
Schiavon, Luiz 99, 113, 116
Science, Chico 130
Secos & Molhados 12, 14, 15, 19-20, 28, 29, 32, 39, 57, 58, 60, 61, 62, 65-69, 71-73, 74-92, 95, 97, 99, 105, 109, 110, 112, 114, 124, 126, 127, 130, 145, 147, 152, 167, 169, 177-180, 191, 192, 199, 230-236, 237, 239-242, 251
Seixas, Raul 67
Serra, José 175
Serra, Raimundo Irineu (Mestre Irineu) 43
Silva, Moreira da 100
Silva, Orlando 28, 99
Silva, Paulo Roberto da 163

Silva, Vinícius Rangel Bertho da 239, 280
Simone 114-115, 117, 160
Soares, Elza 100, 125, 212
Souza Pereira, Beíta (minha mãe) 20, 25, 26, 27, 234
Souza, Tárik de 230
Suzano, Marcos 130

T
Tancha (meu avô materno) 33
Tião 54
Timerman, Sergio 192
Travesso, Nilton 108
Troncoso, Mario 160-161
Tuca 109

V
Val, Moracy do 68, 69, 77, 106, 231, 232, 239, 241
Vasconcellos, Dora 130
Veloso, Caetano 67, 112, 115, 120-121, 122-123, 125, 126, 140, 181, 198, 232
Versolato, Ocimar 109, 243
Vila, Martinho da 127
Villa-Lobos, Heitor 125, 130
Vitoria (macaca sagui) 197
Verdaguer, Willli 72-73

W
Wenders, Wim 8, 243
Wolfenson, Bob 171, 208-210

X
Xororó 114

Z
Zabomba 126, 251
Zambeli, Ricardo 109
Zampier, Dinho 284

CADERNO DE ANEXOS

SECOS & MOLHADOS
UM CASO FUNESTO DE RENDA MAL DISTRIBUÍDA

TÁRIK DE SOUZA

SECOS & MOLHADOS: UM CASO FUNESTO DA RENDA MAL DISTRIBUÍDA
TÁRIK DE SOUZA | JORNAL DO BRASIL, 11 DE AGOSTO DE 1974

Era uma entrevista rotineira. Tanto quanto pode ser comum um encontro com celebridades capazes de vender cerca de 700 mil cópias de seu disco de estreia; lotar estádios como Maracanãzinho; provocar escândalos no México, com ameaças de processos contra a TV que os exibiu. Mas havia uma agitação mais nervosa que o normal, nos corredores da TV Globo, sexta-feira, onde o grupo Secos & Molhados gravava a exibição apresentada, ontem, no programa *Fantástico*. Por toda a tarde e durante o dia anterior, a gravadora do conjunto, a Continental, erguera uma cortina de fumaça visando impedir a reportagem: tentava-se despistar o horário de chegada dos artistas e no estúdio não se permitia a Ney Matogrosso, o solista de voz contralto, um momento de conversa livre, e movimentos que não fossem referentes à gravação do tape.

Durante os depoimentos, o trio se entreolhava, às vezes com hostilidade, no mínimo com desconfiança. Na madrugada de sábado, Ney deixou expor que não aguentava mais e estava saindo: mas foi apenas à tarde, na casa de um amigo, em Ipanema ("vim ao Rio só com Cr$ 100,00 no bolso"), que o cantor solista do grupo passou a mostrar seus dentes separados, através de sorrisos largos e calmos. Minutos após iniciada a conversa, chegava ao mesmo apartamento o violonista do grupo, Gerson Conrad, igualmente tranquilo. Num quarto, no fundo, alguns músicos tocavam. O maestro Julio Medaglia levava a Ney uma proposta de cantar sozinho algumas canções renascentistas profanas. Gerson Conrad prometia "tocar o barco pra frente. Tem aí todo um trabalho a ser desenvolvido. Parar agora seria covardia."

O conjunto Secos & Molhados – pelo menos o que, em tão pouco tempo, havia consumido e admirado – estava desfeito.

MÁ DIVISÃO
A decisão de Ney de Souza Pereira, o Ney Matogrosso ("sobrenome de meu pai"), no entanto, datava de uma semana antes. "Nós ficamos juntos, só para o lançamento do segundo LP." O mesmo Ney garante que não pretende gravar nada sozinho

agora, "para não sair paralelo ao meu trabalho no segundo LP, que é melhor do que o primeiro". A resolução de Gerson, porém, havia sido tomada um dia antes e, segundo os cálculos de Ney, deveria pegar de surpresa o remanescente do grupo (e a causa da cisão) João Ricardo Apolinário. "Para o meu lugar, eu soube que ele estava tentando contratar o Conrélius, do conjunto Made in Brazil, mas com a saída do Gerson, não sei como ele vai fazer."

Na entrevista tomada ainda nos estúdios da Globo, Gerson quis deixar uma frase frisada: "Coloca aí, isso é muito importante: eu acho que nós nunca quebramos o pau como deveríamos quebrar. Eu vou definir assim: desde o início o trabalho deveria ter sido muito mais bem dividido. A partir daí, não digo mais nada, para não criar grilos, por enquanto." (Entre outras coisas, Gerson se queixaria de que João Ricardo queria ser o único autor das músicas do grupo, para receber o máximo em direitos autorais. "Num dos espetáculos do conjunto, tivemos que apresentar três vezes 'Rosa de Hiroxima', cuja música é minha, porque o público não parava de pedir bis. Irritado, João Ricardo saiu do palco e foi para os bastidores, gritando, chutando cadeiras e dizendo que era proibido repetir músicas, sem sua ordem.")

Ney tinha muitas queixas, no dia seguinte, quanto à mudança de clima, dentro do conjunto. "Depois do espetáculo no Maracanãzinho, culminando no México, o Secos & Molhados foi virando máquina de ganhar dinheiro. Cada sorriso, cada música, cada entrevista valia por quanto mais dinheiro entrava em caixa. E essa, definitivamente, não é a minha. O trabalho musical que começamos a desenvolver, agora, estava em último lugar na relação das prioridades." A primeira preocupação, segundo Ney e Gerson, era a formação de uma poderosa máquina. "Nunca tínhamos assinado qualquer tipo de papel. Nos últimos tempos, desde que saiu o empresário Moracy do Val, e o pai de João Ricardo, João Apolinário, passou a controlar nossas finanças, já fomos obrigados a assinar uma absurda procuração que dava ao diretor econômico do grupo enormes poderes mesmo sobre nossos trabalhos futuros. Não descansei enquanto a procuração não foi desfeita. Depois me vieram com um contrato, para dois anos. 'Como é que eu vou ter garantias de que meu filho não vai ficar na mão?', me perguntou o empresário João Apolinário. Aí eu descobri que o contrato era para garantir só o João Ricardo e não os interesses do conjunto."

SUOR E MÁGOA

A firma S & M, controlada por João Ricardo, segundo Ney, tem pretensões contáveis. Montada numa casa de dois andares, na elegante Alameda Itu, em São Paulo, conta com 17 funcionários capazes de fornecer qualquer informação sobre o grupo e orientar seus contatos em todas as áreas. "Mas eu entrava lá e me sentia empregado e não dono, apesar de ter sido combinada uma divisão de dinheiro arrecadado entre nós, em que os dois ficariam com 30% cada, por causa dos direitos autorais, e eu, por não compor, com 40%." Outra reclamação de Ney, com os olhos puxados muito abertos e um sorriso langoroso: "Na época do Moracy do Val, o dinheiro era dividido por quatro, 25% para cada um, e sempre aparecia. Agora estou tão duro, que a Continental teve que adiantar o pagamento do aluguel do meu apartamento em São Paulo".

Ney, nos últimos meses perdeu 3 quilos, tinha 55 ficou com 52, e gosta de citar uma imagem: "Nos shows eu suava mesmo, ficava uma poça, onde eu estava dançando. Batia com o pé e espirrava nos outros." Gerson sente o peso de uma amizade de oito anos com João Ricardo, "que não se joga fora de um dia para outro", mas garante estar magoado com muitas coisas.

Ney Matogrosso, já pensando em contatos com Milton Nascimento ("sou apaixonado por suas músicas") e Caetano Veloso ("ele me curte e eu a ele"), desejava "muitas felicidades e sucesso ao novo Secos & Molhados". (Gerson acabava de saber, em São Paulo, que numa entrevista, no rádio, João Ricardo garantira que o conjunto inicial se desfizera por motivos pessoais, que ele não podia revelar. Em seguida o locutor do programa colocara no ar a faixa "Preto velho", do novo LP, em que João é solista. "Você tem uma voz muito boa", elogiou ele, "também pode cantar sem o Ney Matogrosso".)

Fundado dia 10 de setembro de 1971, o grupo inicial dos Secos & Molhados foi um encontro de percursos de choque. Gerson Conrad, o de roupas e atuação mais discretas, nasceu em São Paulo, capital, morou nos bairros Jardim Paulista, Brooklin e Jardim da Luz, sempre na casa dos pais, sob a moldura de móveis estilo colonial. Apesar de apreciador de música ("minha maior influência foram os Beatles, mas de violão eu ouvia muito Baden Powell e Paulinho Nogueira"), sua paixão era ("e continua sendo") arquitetura. Primeiro fez um estágio na construtora Adolpho Lindemberg, "muito bom". Depois surgiu a perspectiva de viajar com um grupo de estudantes que Oscar Niemeyer pretendia levar para completar o curso em Paris. "Sempre gostei de desenho, desde garoto, e nas equipes da faculdade eu sempre ficava com a fachada e divisão interna para projetar."

Aluno da Faculdade Brás Cubas, em Mogi das Cruzes, Gerson era freguês do trem que ligava a cidade à capital paulista e foi uma das vítimas do famoso desastre de 8 de julho de 1972, que lhe causou uma cicatriz perto do tendão, "um rombo enorme", na perna esquerda, Gerson, 22 anos, já quebrara um braço, antes de mudar-se com a família para Porto Alegre, sem participar, apesar de convidado, do conjunto de rock Sic Sunt Res ("eles quase só imitavam os estrangeiros, não criavam nada"). O acidente o fez passar do piano para o violão, "porque era mais fácil", mas também por influência dos Beatles e sua música, muito mais para violão do que para piano. Gerson já era vizinho de João Ricardo, na Bela Vista, em São Paulo, quando surgiu a ideia do conjunto. "A gente se encontrava muito e ficava tocando violão. Mas só assim, uma coisa muito íntima, sem apresentações em público, nem nada." Foi quando João Ricardo um dia deu a sentença ao ex-vendedor de ações, na época de alta da Bolsa: "Gerson, vamos fazer um negócio mais sério, ao invés de ficar só brincando?"

UM EUROPEU

Nascido em Ponte de Lima, no Minho, Portugal, em 1949, João Ricardo garante influências europeias, no seu modo de pensar e agir. ("Meu relacionamento com meu pai, por exemplo, é muito diferente do que têm pais e filhos aqui"). Seu carro é Porsche azul ("a segurança desse carro é outro papo. Trata-se de um carro alemão"), ele gosta de automóvel, mas não de velocidade, seu esporte é a música, e em Portugal João Ricardo "já tinha o hábito de dançar bem". Dançava o vira com sua mãe, Fernanda ("ela é ruiva, belíssima, usa o cabelo igual a mim"), hoje chefe das maquiladoras da TV Bandeirantes de São Pulo, "uma pessoa que me dá muita força e nos ajudou na orientação de nossa maquilagem". Em Portugal, João Ricardo fez até a primeira série; No Brasil terminou o ginásio e o científico, mas sua obstinação em musicar poetas, segundo ele, vem da formação portuguesa. "No Brasil existe a música popular brasileira. Já português, por essência, é poeta, tem as melhores tradições possíveis."

Noivo, de aliança no dedo ("ela é paulista, mas está morando no Rio", diz, meio nebuloso), João Ricardo sempre morou no bairro da Bela Vista, em

São Paulo e fez poucos amigos quando veio de Portugal: "No caminho foi muito difícil". Enquanto começava a trabalhar com música, João iniciava uma certa carreira de jornalista na *Última Hora* de São Paulo, onde seu pai era ("e é") crítico teatral. "Ele foi meu chefe, eu escrevia sobre música, e nós nos dávamos muito bem." O último artigo de João Ricardo, já em 1973, foi "uma análise dos Beatles e dos Rolling Stones". Mas seu interesse mesmo sempre foi música. "Com 15 anos comecei a compor. Não sei uma nota, mas meu negócio não são os instrumentos. Nunca precisei de maestro. A coisa era feita direto, com o gripo, na hora." Antes do conjunto, João Ricardo fez a música para a peça e o filme *Corpo a corpo*. Suas influências eram as dos medalhões, Elvis Presley, Chuck Berry, os Beatles. "Mas quem realmente me fascina pelo poder de criação é Paul McCartney." A música jovem brasileira não o interessava. "De uma maneira geral, eu achava tudo muito ruim. Aí pintou a baianada todas e as coisas mudaram muito. Gosto de todos eles, mas de quem mais gosto é Gilberto Gil." Sobre o conjunto, o criador se cala, quase. E abre de novo os ares misteriosos de quem não pretende revelar segredos. Como aconteceu a ideia do conjunto, como ela amadureceu? "Bem, amadureceu na medida em que eu queria que isso acontecesse." Ponto (final?)

BRILHO, BRILHO

Ney de Souza Pereira, nascido em Bela Vista, Mato Grosso (1/8/1941), filho do meio de uma família típica de classe média, sofreu a influência nômade da carreira do pai, oficial da Aeronáutica, hoje na reserva, trabalhando em Urubupungá, na segurança, na construção de usinas. Submetido a um duro sistema familiar, amenizado pela mãe, Beíta de Souza Pereira, Ney sai de casa aos 17 anos. Quando apareceu na televisão, pintado, rebolando, cantando fino, estava com uma calça de odalisca. "Meu pai pensou que era saia e aí achou demais". Seus olhos puxados vêm da avó paraguaia, e seus cabelos não muito longos, ele usa presos atrás. Camiseta por baixo do macacão Sears, de listras fininhas, Ney disse que suas roupas simples do dia a dia também já tinham sido criticadas por João Ricardo: "Você agora é um *pop star*, não pode se vestir desse jeito, com esse macacão desbotado" ("O Ricardo gastou milhões de *strass* numa roupa. Dizia que era assim que deveria ser: brilho, brilho").

A primeira vez que Ney cantou foi no coral de Brasília, dirigido por Reginaldo de Carvalho. "Eu fui atrás de uma menininha por quem eu era apaixonado e acabei cantando lá, depois no Madrigal da Rádio Educadora, com o Livino de Alcântara." Na ida de um grupo de universitários mineiros a Brasília, foi então convidado para um espetáculo solo, onde cantaria (era época de bossa nova, em 1964) "Terra de ninguém" e "Só tinha de ser com você", entre outras. "Pensei que teria uma semana para ensaiar, mas fui informado de que o espetáculo era três dias depois. Me deu um *bererê* que eu não conseguia ficar de pé. O joelho dobrava. Fui obrigado a cantar sentado num banquinho, senão eu caía". O tom de voz já era o que ficou famoso nos discos, e no segundo espetáculo, com um público maior, "umas mil e quinhentas pessoas", causou o primeiro impacto. "Foi a primeira vez que me chamaram de bicha. Comecei a cantar e alguém gritou. Parei e fiquei olhando para a cara do fulano até ele calar a boca. Acho que minha agressividade, que as pessoas comentam, vem daí. Fiquei com tanto ódio que cantei muito bem e pediram bis. Isso talvez seja uma forma de me defender, eu agrido antes."

Dos espetáculos avulsos, Ney foi convidado para um programa universitário na TV Brasília, chamado *Dimensão*, depois era uma temporada ao lado da cantora Glorinha ("que desapareceu, mas era muito boa") na boate Cave Du Roi. "Eu tremia tanto que o dono da boate me enchia de conhaque. Um dia fiquei tão bêbado que não conseguia alcançar os tons. Decidi que daquele jeito não dava, perdi a vergonha no palco."

Mesmo na época do coral, Ney conta que sua voz já espantava. "Eu cantava como tenor, mas minha voz era muito diferente. Ia além dos tenores. Eu cantando a parte dos contraltos. Oitavava para cima e ficava cantando.

BILL RIVAS

Em 1966, quando trabalhava no Hospital Distrital de Brasília, cuidando da recreação de crianças doentes, Ney veio ao Rio e fez um teste na Tupi. Cantou "A hora e a vez de Augusto Matraga", mas lhe pediram o repertório do Chris Montez, que fazia sucesso na época, com uma voz ligeiramente feminina num repertório internacional de iê-iê-iê, em ritmo de bossa nova. Ney recusou-se a mudar suas escolhas, recebendo uma negativa estranha, de "que sua voz não era comercial". De volta a Brasília, continuou cuidando das 30 crianças do hospital; quando saía para passear com elas, carregava algumas montadas pelo corpo, "porque só havia duas cadeiras de rodas para todas". Ney ainda passaria um período no Rio, vivendo de artesanato ("fazia umas peças de couro, muito loucas"), e outro em Búzios, morando com pescadores e vivendo do que pescava. Recebeu, então através de sua amiga Luhli, convite de trabalhar com João Ricardo. (Antes disso, cantara duas músicas no filme *Para quem fica, tchau*, mas elas dificilmente entrariam em sua biografia. "Achavam que eu não tinha balanço, queriam uma coisa à la Simonal, e então eu gravei dois números, mas com o nome de Bill Rivas".)

Nos primeiros dias, Secos & Molhados (estreia na Casa de Badalação e Tédio, na parte de cima do Teatro Ruth Escobar, em São Paulo, onde Ney trabalhara como ator semanas antes, em *A viagem*, adaptação premiada de textos de Camões) apresentavam-se sem maquilagem. Ney vestia "umas camisetas furadas, uns trapos", mas sentia-se *crooner* do conjunto. Encerrada a primeira temporada de três dias, na seguinte, de 15, ele já cobria o corpo, "da virilha à cabeça", de purpurina, vestindo uma calça de odalisca. Ainda não havia uma movimentação determinada, mas para não ficar parado, Ney "fazia umas poses", e daí começou a nascer a coreografia do conjunto. Para ele, quando começaram a aparecer as restrições a seus movimentos, já no programa *Mixturação*, na TV em São Paulo, ele sentiu que tudo ia dar certo. "Primeiro me proibiram de mexer os quadris, dizendo que era imoral. Depois que eu não devia me apresentar sem camisa na TV. Depois implicaram com meu rabo-de-cavalo e, por último, com o meu olhar. Eu senti que era o sucesso chegando."

Do êxito nacional extraordinário – e repercussão no exterior – o conjunto passou à autoindustrialização, que o dissolveu. Segundo João Ricardo Apolinário, a industrialização era a única saída do fenômeno Secos & Molhados: "Seria desonesto, indigno, eu não me colocar como produto, principalmente hoje que estou à frente de um esquema específico. Não tenho alternativa. Por exemplo, estou com três músicas censuradas, com letras de poetas ('Balada', de Carlos Drummond de Andrade, 'Tem gente com fome', de Solano Trindade, e 'Pasárgada', de Manuel Bandeira). Elas talvez determinem um monte de coisas. Não se pode abdicar do impossível, porque ele é todo possível." João Ricardo não permite dúvidas: "Cada um toma as opções que deve tomar. As que forem mais convenientes para si mesmo. Eu sei exatamente aquilo que quero fazer. Até o momento dos Secos & Molhados, eu soube prever. E basicamente eu não sei agir de outra forma. Aquilo que eu quero, e em que acredito, levo até o fim. Para o bem ou para o mal."

BREVE DISCURSO SOBRE O MASCULINO E O FEMININO NA MODERNA CANÇÃO BRASILEIRA
NELSON MOTTA | O GLOBO | RIO DE JANEIRO 16 DE FEVEREIRO DE 1975

"O brinquedo está na cara, o segredo está na cura do medo"
(Gilberto Gil)

Muito tempo depois da escandalosa separação do Secos & Molhados e muito mais tempo depois do escândalo inicial que foi a aparição do grupo, Ney Matogrosso está na mira de uma tardia campanha contra sua forma de se expressar artisticamente, e de quebra, sua opção de vida. No outro corner, Carlos Imperial, que, como se sabe, tem vocação para o tumulto, e adora um agito, de vez em quando, mantendo assim sabiamente seu nome em evidência durante mais tempo que a carreira de muitos artistas. Abatendo suas lebres e aguardando ávido o primeiro neto.

Mas o fato de alguém, mesmo sendo Carlos Imperial, ter iniciado uma campanha contra Ney Matogrosso apenas mostra que muita gente pensou em falar mal mas esperou alguém como Carlos Imperial levantar a lebre. E agora se apressam em abatê-la.

Mas a um conceituado editorialista também espantam, agridem e incomodam as maneiras de Ney viver e se apresentar. A um culto e respeitável homem de negócios causam certa repelência as roupas, os trejeitos e a voz feminina de Ney. A outros igualmente informados, inteligentes, sensatos e até liberais, parece que Ney deveria se apresentar de forma mais máscula. Ou menos feminina. Embora todos reconheçam suas extraordinárias qualidades canoras.

Como se fosse possível desvincular a voz e a maneira de cantar de Ney de suas roupas, sua postura, suas ideias e seu timbre vocal raro e lindíssimo.

Como se fosse lícito impor a qualquer pessoa um jeito de andar, de falar, de pensar e de sofrer ou de amar.

Como se fosse inteligente deixar de desfrutar um todo, som e imagem, corpo e alma, martelo e bigorna, em favor de uma das partes, que nem se quer pode ter vida própria.

Mas é inquietante pensar sobre que mágico poder terão os trapos e peles de Ney Matogrosso, a ponto de enfurecer os que zelosamente zelavam e zelam pelos bons costumes.

Que estranha potência a dança de Ney Matogrosso tem que pode provocar ódios tão violentos, definitivos e ameaçadores?

O que o cantor de música popular Ney Matogrosso ameaça? A quem? De que maneira? A quantos? Por quê?

Que padrões de vida, que conceitos existenciais podem ser frágeis a ponto de serem ameaçados pela presença de um... cantor. Um simples ser humano que tem por dom e ofício o canto. Como alguns têm vocação para medicina, jornalismo, vagabundagem ou simplesmente ganhar dinheiro.

Qualquer leitor de almanaque sabe que os seres humanos são constituídos de um princípio masculino e um feminino. E que quando um prevalece sobre o outro isto determina o sexo da criatura. Aliás com plantas e animais dá-se o mesmo.

É, portanto, impossível a existência de uma criatura, a não ser em nível de anomalia, totalmente feminina e masculina.

Ney Matogrosso também é importante porque foi dos primeiros artistas brasileiros a terem a coragem da autoexposição total ao público. Porque Ney Matogrosso abre a discussão onde as pessoas podem exprimir sua violência, seus medos e seus ódios.

Ney Matogrosso, com roupas convencionais, cantando de uma maneira estabelecida canções estabelecidas, com seu timbre vocal agudo e raro, seria o máximo insólito. Quase grotesco pela evidente contradição que se conteria.

Mas ele teve a ousadia (apesar de ser uma das pessoas mais tímidas e frágeis que já conheci) de se transformar, por vontade e determinação próprias, num dos artistas mais fortes e originais destes tempos em que o "intérprete" é raça em extinção.

Ele inicia agora uma carreira individual e, sem o backing protetor do grupo, se tornará mais facilmente alvo de discussões, campanhas, brigas e até reflexões.

Algumas perguntas: que importância terá a masculinidade num intérprete de música popular? E a feminilidade? E a assexualidade?

E a mediocridade? E a verdade? E a saudade? E a maldade? E a vivacidade? E a grande cidade? E a imensa vontade?

Há intérpretes de extraordinária masculinidade aparente, mas que na verdade não são tão másculos assim. Da mesma forma que há cantoras que cantam com intensa feminilidade, mas na vida não encontram o mesmo tom. Muitos não deixam aparecer porque acreditam que "suja a imagem", já assumindo assim uma postura de culpa diante do que escolheram por livre vontade, nada os obrigando a isto. Domar o instinto humano é tarefa, por assim dizer, "ciclópica".

Ney Matogrosso se "expõe à audição pública como o faquir da dor" da música de Macalé. E permite que seja questionada a sua condição humana e artística. E canta com uma afinação e uma técnica vocal que raramente acontecem na música brasileira. E inicia agora uma carreira individual destinada a provocar escândalos permanentes, mas que serão criativos, já que permitirão que os medos e os ódios se revelem e se tornem assim menos mortais.

MAGIA DO SECOS & MOLHADOS
VINÍCIUS RANGEL BERTHO DA SILVA

Aquelas noites de dezembro de 1972 jamais teriam sido as mesmas se um grupo musical composto por três rapazes não tivesse se apresentado na Casa de Badalação & Tédio, uma espécie de anexo do Teatro Ruth Escobar, em São Paulo. Surgia, naquele palco, ao lado de João Ricardo e Gerson Conrad, uma criatura bem estranha: um rapaz bigodudo requebrando provocativamente, com uma voz incomum e insólita para alguém do sexo masculino, vestido com uma calça de cetim e uma grinalda na cabeça, bastante maquiado e repleto de purpurina. Não parecia nem homem nem mulher, nem rumbeira nem cigana, nem animal nem ser humano. Era Ney Matogrosso que vinha a público com todo o seu fogo cênico e desaforado, acalentado por anos e anos de teatro.

Graças ao empenho do empresário Moracy do Val, que decidira contratar o grupo assim que o assistiu pela primeira vez, a temporada de shows no Ruth Escobar rendeu uma série de apresentações em outros locais, transformando o

Secos & Molhados em uma sensação das noites paulistanas como num passe de mágica. Poucos meses depois de sua estréia nos palcos, o grupo entrou no estúdio Prova (SP) para as gravações de seu primeiro disco. Entre maio e junho de 1973, o álbum foi gravado.

A capa do primeiro disco do Secos & Molhados foi fotografada e produzida por Antônio Carlos Rodrigues, que, ao tomar conhecimento do nome do grupo, decidiu criar uma mesa de jantar com produtos perecíveis normalmente vendidos em um armazém (um nome genérico para Secos & Molhados). Porém, o prato principal do banquete consistia simplesmente das cabeças de Ney Matogrosso, João Ricardo, Gerson Conrad e Marcelo Frias (baterista que não aceitou integrar o grupo).

Ao lançar o álbum, a gravadora Continental produziu apenas 1.500 cópias do primeiro trabalho do Secos & Molhados. No entanto, a aparição do grupo em rede nacional na estréia do programa *Fantástico*, da Rede Globo, provocou uma enorme curiosidade por parte do grande público em relação à novidade que surgia. Em aproximadamente uma semana, os 1.500 discos já tinham sido vendidos. Os executivos da indústria fonográfica se viram obrigados a derreter vinis de outros artistas que não vendiam tanto para fabricar mais álbuns do Secos & Molhados, uma vez que faltava matéria-prima disponível para prensar mais discos. Enquanto isso, as rádios tocavam sucessos como "O vira" (João Ricardo – Luhli), "Sangue latino" (João Ricardo – Paulinho Mendonça) e "Rosa de Hiroshima" (Gerson Conrad – Vinícius de Moraes).

Os shows de lançamento do primeiro disco foram no Teatro Itália, em setembro de 1973, rendendo uma série de lembranças inesquecíveis para os que estiveram lá para assistir o grupo nos palcos. A partir daí, Gerson Conrad, João Ricardo e Ney Matogrosso começaram a se apresentar por todo o Brasil, causando frenesi por onde passavam. Um exemplo deste fato se deu no Rio de Janeiro em novembro do mesmo ano, numa temporada no Teatro Tereza Rachel: o assédio dos fãs era tão grande que filas e filas se formavam na expectativa de ver o Secos & Molhados no palco!

Era evidente que uma manifestação tão rica e intensa como o Secos & Molhados incomodava a ditadura militar que castigava o Brasil no início da década de 1970. O incômodo não se justificava por algo político sem querer ser (o Secos não era um grupo politicamente engajado), mas por possuir uma irreverência que afrontava a moralidade de muitas famílias brasileiras. Abordar a falta de liberdade e expor a sexualidade incomum (até então) provocava a inquietação nas altas patentes do governo. Entretanto, censurar um fenômeno maciço de crítica e público era tarefa impossível.

A aparição de Gerson Conrad, João Ricardo e Ney Matogrosso no Rio de Janeiro foi tão bem-sucedida que eles foram convidados para uma temporada de um mês no Tereza Rachel, com direito a uma censora dentro do camarim de Ney o tempo todo. O sucesso foi tamanho que eles decidiram fazer um show de encerramento no Ginásio do Maracanãzinho, em 13 de fevereiro de 1974. Muitos acharam o convite um absurdo, pois nenhuma atração brasileira tinha tido a oportunidade de se apresentar naquele palco apenas com seu próprio espetáculo. Outros temiam que Ney fosse agredido pelo público. Havia expectativas de que não haveria pessoas suficientes para preencher o local.

A receptividade dos mexicanos também foi muito positiva. Em pouco tempo, a postura ousada e provocante do Secos & Molhados deixou o país em polvorosa, com direito a uma foto deles na capa da famosa revista norte-americana *Billboard*. Segundo os membros do grupo, empresários norte-americanos, fascinados com o impacto visual provocado pela maquiagem de Ney, João e Gerson, convidaram-nos para apresentações nos Estados Unidos. Ney Matogrosso relatou, certa vez, que um destes executivos lhe propôs a abandonar o Secos & Molhados e fazer uma carreira solo na terra do Tio Sam com um repertório mais pesado e mantendo sua indefectível presença de palco. A possibilidade de se transformar em uma versão glitter e caricatural de Carmen Miranda em um território cuja língua jamais dominara não o animou, para o alívio de muitos brasileiros...

Em pouco mais de um ano, o primeiro LP do Secos & Molhados vendeu cerca de 1 milhão de cópias, concorrendo com o maior vendedor de discos do Brasil em todos os tempos, Roberto Carlos. Pela primeira vez em sua história, o "Rei" se viu obrigado a dividir seu trono com corujas, pirilampos, sacis e fadas.

Ao retornarem do México, iniciaram-se as sessões de gravação do disco sucessor ao álbum das cabeças cortadas. As turbulências internas entre os integrantes do Secos & Molhados provocaram rumores de sua dissolução antes do início das gravações. Ney Matogrosso já tinha optado por abandonar o grupo, decisão que só seria oficialmente tomada assim que o segundo disco fosse para as lojas. João Ricardo assumiu a produção do trabalho, função que antes cabia a Moracy do Val, que, nesta altura dos acontecimentos, não era mais empresário do Secos. As gravações do segundo álbum do Secos & Molhados se deram em meio a uma atmosfera de desentendimentos, disputas e crises.

Previa-se que o lançamento do segundo disco do Secos & Molhados seria o principal acontecimento fonográfico de 1974, mas as notícias da separação de seus integrantes chegaram aos jornais antes da primeira semana de agosto. Muitos compraram o novo álbum com um sabor de tristeza ao saber que Gerson Conrad, João Ricardo e Ney Matogrosso já não eram mais um único grupo. Os três decidiram sair em carreira solo a partir da dissolução do fenômeno: Gerson Conrad se uniu a Paulinho Mendonça (coautor de "Sangue latino" e "Delírio...", do segundo disco), gravou um álbum em parceria com a cantora e atriz Zezé Motta no ano seguinte e depois fez um trabalho solo em 1981 (*Rosto Marcado*); João Ricardo se dividiu em projetos solo e em formações alternativas do Secos & Molhados; Ney Matogrosso, por sua vez, seguiu em carreira solo e estreou em 1975 com o show *Homem de Neanderthal* e o disco *Água do Céu–Pássaro*.

Contrariando todas as previsões, o Secos & Molhados não só conseguiu a façanha de ser a primeira atração nacional a lotar o Maracanãzinho (20 mil pessoas foram assisti-los e eles ainda deixaram outras milhares de pessoas do lado de fora!), como teve a sua apresentação transmitida pela Rede Globo para todo o Brasil. Tal acontecimento rendeu em uma das noites mais importantes da história da Música Popular Brasileira e foi fundamental para que o grupo seguisse rumo a uma turnê de duas semanas pelo México, tempos depois. Em 1980, foi lançado o LP *Secos & Molhados Ao Vivo no Maracanãzinho*, com supervisão de Gerson Conrad e com os melhores momentos daquele show. Este trabalho nunca foi lançado oficialmente em CD por não possuir uma boa qualidade técnica e problemas de som.

Brigas e farpas à parte, a carreira do Secos & Molhados marca um dos momentos mais importantes da música popular brasileira. Seus discos e suas apresentações ao vivo renderam legiões de fãs e admiradores até os dias de hoje. Falar sobre a magia em torno do Secos & Molhados não é apenas se referir à trajetória de nossas artes, mas é também recorrer à memória coletiva de muitos brasileiros.

NEY MATOGROSSO, MUITO ALÉM DO BUSTIÊ
CAIO FERNANDO ABREU | O ESTADO DE S. PAULO | 3.2.1995

De passagem por este Rio que eu amo, ganhei um presente raro: Ney Matogrosso no show *Estava Escrito*, os sucessos de Ângela Maria. Nos figurinos elegantérrimos de Ocimar Versolato, o novo *fashion darling*, Matogrosso surge com vigor e beleza de viúva negra ou portuguesa, dramatismo de Amália Rodrigues, Irene Papas, Edith Piaf. Luz divina, cenário celestial (Billy Accioly), músicos perfeitos. Ney quase não se move. Nos telões, sua cara de gavião etrusco é pura tragédia. Perdas, dores e amores impossíveis. Grego sim. E tropical.

O público se remexe impaciente. Aplaude, mas assustado. Afinal, onde está o bustiê? Depois de quase uma hora de punhais, Ney tira o paletó. Por baixo, naturalmente, o bustiê. Mas preto. Com gargantilhas. Então baixa uma rumbeira. De meio-luto, verdade. Esse é o Ney que a plateia conhece, a festa fica garantida com *grand finale* de "Babalu".

Danço e choro lembrando as noitadas de Santo Daime com Vicente Pereira, Carlos Augusto Strazzer (tantas, tantas perdas), Duse Nacaratti, Patrícia Travassos, Eduardo Dusek, Leiloca. O tempo passou. Tantos se foram. Nós ainda não. Revejo Ney no enterro do Cazuza, todo de branco, feito um anjo de pedra junto aos 2 metros de flores sobre o túmulo. O cemitério foi esvaziado, todos se foram. Ele ficou. Abrindo o caminho da luz para o menino Agenor, parecia um anjo.

E era. E é.

Beijando-o depois nos camarins, já "desmontado", tive confirmação do que já suspeitava há muitos anos, desde que o conheço. Ney Matogrosso não é humano. Quero dizer, Ney Matogrosso é humaníssimo sim. Não, nada disso. Ney Matogrosso é um anjo encarnado, como aqueles de Wim Wenders. Jamais o vi dizer uma palavra mais rude para alguém, nunca o vi fazer ou dizer algo vulgar nem negar nada a ninguém. Penso: Ney apenas parece um anjo porque é um grande artista, talvez o maior deste país, de energia só comparável à entidade Maria Betânia? Ou os anjos se fingem, sonsos, tanto de esfinges quanto de mendigos para não dar bandeiras perigosas à extensão do mal?

Eu não sei, Ney é mistério. Deve-se ouvi-lo sem deixar a razão interferir demais, senti-lo tanto nas cadeiras quanto no espírito, feito onda morna e tropical que nos embala além da arrebentação entre espumas e corais. Caribe e Tebas ao mesmo tempo, *Star Trek* e Maria Antonia Pons, Dalva de Oliveira e Antonio Bandeiras, confins do rio Araguaia e Viena, de Egon Schiele.

Ney foi o anjo enviado por Deus para que o brasileiro compreenda melhor sua louca identidade de homem-mulher unidos num só: pássaro e tigre, cobra e borboleta, miséria e esplendor. Muito além do bustiê, Ney Matogrosso parece uma tese de mestrado ao vivo sobre a ambiguidade deste país. Tê-lo entre nós nos deixa mais nítidos e felizes também, pois a clareza dele é bela e como ele é nós, épico e arquetípico, no tornamos belos através dele e muito mais livres e muito mais nobres. Rosa de Hiroshima soropositiva, seria radiotiva, *something between* Greta Garbo, Rodolfo Valentino e Antígona: saúde!

Depois do show, abraçado por disparidades como Benedita da Silva e Cláudia Abreu, Fábio Assunção e Antonio Pitanga, seus olhos úmidos diziam obrigado. Suavemente, sem esconder tantas perdas. Tão verdadeiro e tão singelo é Ney Matogrosso, ao chegar perto dele qualquer um desce do altar. Não arrogante, mas rei. Não pretensioso, mas luminoso. A seus pés, brilhamos todos iluminados pela grandeza de sermos humanos como ele. Pois Ney Matogrosso, repito, foi o anjo escolhido pelo senhor para cantar estes Brasis de rumba, samba-canção, matas, cachoeiras, araras cariris, e chimarrões. Axé, chê!

Como a G. H. de Clarice, eu não entendo o que digo. Então adoro.

OLHO NU
REVISTA MOVIOLA | LUIZ ROSEMBERG FILHO E SINDOVAL AGUIAR | 26 DE SETEMBRO DE 2012

"Que coisa magnífica e deliciosa é um ser vivo! Como ele é bem adaptado à sua condição, como é verdadeiro, como é pleno de ser!"
J. W. Goethe

Desde *Nelson Cavaquinho*, de Leon Hirszman, não víamos uma obra tão densa e criativa da MPB, no cinema brasileiro. Claro, sem esquecermos *Tom Jobim*, de Nelson Pereira dos Santos. E muito ainda se poderá escrever sobre o longa *Olho nu*, de Joel Pizzini, que documenta a vida e a obra barroca e selvagem (no bom sentido) de Ney Matogrosso. Filme labiríntico sobre um cantor, pensador, transgressor e ator gigantesco. Uma lição de vida, de postura e de cinema. Personagem épico da nossa música popular. Um cantor raro que num só gesto se funde a um ator-autor--história e natureza.

Filme que, numa montagem delicada e densa de mais de 300 horas, documenta com maestria uma vertigem poética e edificante que nos faz romper com o pobre e empobrecido cinema de mercado (sem mercado, pois filme nenhum se paga), que hoje reina como continuação do velho regime empresarial-policial-militar da ditadura. Mas como foi que nos deixamos transformar neste corpo sem vida criativa? Neste corpo sem vida da política? Esteticamente pobres nos acomodamos à linguagem televisiva das novelas. Mas... também a TV poderia ser melhor. Só que não num país como o nosso, dominado por latifúndios tanto da terra, como do ar. Ou seja, aqui ainda manda o atraso e o dinheiro sujo. O espetáculo burro e a violência policialesca.

Digamos que o novo filme de Joel Pizzini é uma espécie de acesso direto ao espaço da consciência e do prazer. Somos conduzidos ao espaço infernal, transgressor e criativo do prazer de ser para a vida plena, e não para a morte. E o que Ney Matogrosso vive na música brasileira é o impalpável, o incontrolável de um tempo sem tempo, onde cada momento é único e definitivo com o público se conscientizando da necessidade de despir-se da porca moralidade, da religião castradora e de obrigações idiotas como pagar contas, impostos avassaladores e trabalho obrigatório onde se assassina todos os dias o prazer de estar vivo.

Entra aí o Ney-ator bidimensionando uma multiplicidade de caminhos e confrontos onde filme e personagem se reconhecem num horizonte de expressões transgressoras entre Artaud e o nosso inventivo José Celso Martinez Correa de *A selva nas cidades* e a primeira e mais fantástica montagem de *O rei da vela*. Talvez Ney seja a sua vivência na MPB: um ator-cantor além de todo e qualquer julgamento menor. Ou seja, Ney é um irradiador de luzes investigativas. Um espelho que reflete mesmo na escuridão das ordens e proibições. E que indo sempre além, pode amedrontar as eternas viúvas da repressão. Mas também iluminar e potencializar o seu próprio sol da criação.

Sujeito político na superação da imunda política partidária do nosso tempo. E que, não sendo parte da mercantilização da *mass* média, a supera expondo-se como instauração de uma desordem ordenada do seu próprio corpo-movimento. Na desconstrução moral de uma ordem para todos, junta-se a uma estratégia sexual brilhante do possível, transformando a alienação da informação e do mercado em diversas teorias através das quais a "videovigilância" da nossa "nova" história torna-se banal. Ou seja, o grandioso não é representar o idiota-religioso-culpado da TV, e sim cantar e interpretar, para inclusive se superar sempre.

Cá entre nós, muito mais profundo que ser um burocrata palaciano, ou um político idiota dos nossos muitos partidos, sempre com uma falsa resposta afirmativa pronta na TV. Televisão que sempre serviu ao capital, não a criação. Daí se entender esse bolo fecal de "celebridades", sucesso, censura, moral e a repressão a felicidade plena para todos. Ney canta os excessos do gozar o momento. O momento do movimento arbitrário de cada música. Digamos, uma reestruturação de tempos inacessíveis aos idiotas da ordem de difusão do descompromisso com o prazer. A música para Ney é uma vitória sobre si mesmo. E que chega ao ator potencializado por um corpo livre, cintilante, variado e multicolor.

E longe da bizarrice de um bufão, é um ornamento da beleza e da razão. Sua autenticidade cênica tem a gravidade e a poesia da vida e da morte, numa constante superação de atos moralizantes desestabilizadores das pulsões vitais da vida. É na nossa música popular brasileira, talvez o mais catártico investigador dos limites do prazer, pois é como canta, dança e interpreta. Ney é artesanal, osso, terra, livre e solar. Por trás de tudo está a leveza desnudada da sua voz espelhar, das suas questões e, sempre, do seu ritmo avesso a um ser satisfeito com a baixaria política da imoral normalidade vendida pelos meios de comunicação de massa.

Olho nu é uma vitória exigente e nobre do nosso cinema. Indo com o seu épico personagem a uma nitidez dialetizante do bem que ao negar o mal torna-se performático e polêmico. Ou seja, supera-se se apropriando tanto do aprazível como do ridículo da falsa comunicação sem prejuízo algum para a música popular ou para o nosso cinema. O filme (para nós, o melhor de Joel Pizzini) é uma espécie de catedral inacabada de questões plásticas e teóricas. Dois artistas que se juntam numa completude de sonhos, passagens e encantamentos nobres. E cada sequência, cada enquadramento é uma rica expressão grandiosa de vida não mecânica. Um espetáculo não bestializado pelo capital religioso da moral. Com razão Ney se sai como um gigante em experimentações e rupturas que o regem da cabeça aos pés. Ao se expressar com o corpo como uma escultura viva de Rodin, abandona definitivamente as poses fáceis e digeríveis de serem vendidas no mercado de carne humana: a TV! Seu corpo cênico é uma rara força teatral submetido às desarticulações da *commedia dell'arte*.

Daí o nome mais do que sugestivo do filme impossível de Joel Pizzini. Este jovem cineasta deixa a sua marca além da imagem. No que faz e aborda. Em suas ações. Também de espírito e de corpo. Sua linguagem também se impondo como a da "efetividade". Pela dedicada elaboração do material que toca e que, transformando em imagens, se eleva em tautologias de mistérios da criatividade na didática montagem ou edição esmerando numa intimidade da obra, do corpo que toca; presença e marca de seu trabalho. Efetividade confirmada nos curtas e agora nos longas. O cineasta confirma a sua presença nas obras como força estilística, elaborando, assumindo e acrescentando como força estética, histórica e dialética. Consciente de concepções e de possibilidades reais no universo das contradições. E com uma significação definida: a de chegar à elevação do humano, demasiado humano.

Ao falarmos de filme impossível como esse *Olho nu*, é difícil não falarmos no mercado impossível para o cinema nacional que o irá receber. Quando deveríamos estar em festa para o lançamento desse, considerado impossível, pela grandeza da obra como mais um filme nacional sério, denotação de arrojo, conotação incomparável pela transfiguração na abordagem do universo de um personagem de tamanha magnitude que até ele imbrica, como formação histórica e como ações artísticas e humanas de sentido pessoal, particular e universal. Personagem de verdadeira epopeia moderna de embates e transfigurações.

Afinal, somos uma nação de cinismos e diluições e, da criação de nosso próprio cosmos e onde tudo o que se torna sólido, jamais se desmancha no chão. Idealismo que o personagem desse filme desmascara e desmistifica com astúcia, vontade, arte e dialética. Protegido pela música que o eleva como esfera, impossível de se desmanchar, em harmonia no cosmo em sua teogonia. Em companhia de Hesíodo, Apolo, Dionísio e outros deuses mais sábios do que nós, pobres humanos e caudatários da força bruta que nos emparedam na história, na arte e na vida.

Impossível também falar de um filme importante como esse de Pizzini, das dificuldades que irá encontrar pela frente, sem falarmos da realidade brasileira, que nunca deixou de ser realidade de país dependente e subordinado econômica, cultural e cinematograficamente. Realidade de uma democracia diluída, globalizada e de fracionamentos aristocráticos; os que o cinema sabe elaborar, pela correlação de forças, numa profissão sempre dominada pela elite e o aburguesamento de nossa má formação carente de histórias originais e dialéticas. O que Celso Furtado, como ministro de nossa Cultura, tentou tocar, sem resultado. Porque sólida, endurecida e patrimonializada, bem no chão.

Cultura que virou produto massificado e de povo tiranizado, policiado, vigiado e punido, como proteção dos estamentos. O que estão fazendo com o nosso cinema, e sempre fizeram, mas, protegendo o que existe de força permanente a favor do cinema de nenhuma grita contra o dominador estrangeiro, compensador. Tem sido raro um artista escapar como Joel Pizzini, nesse seu *Olho nu*. Ele resiste com força máxima. Artística, estética e cultural; de formação. Para o homem brasileiro e para o cinema. Cinema que nasceu como uma progressão do mito. Ideias, imaginação e imagens – TELAS! Estas ocupadas em todos os lugares. Sem histórias, ações e dialéticas. Reproduções, produtos, fetiches e religiões! Sem o nosso primitivo, o histórico, os primeiros passos na superação de idealismos e necessidades do que nasce nas feiras de trocas e primeiros encontros (Antonio Olinto), guetos e botequins para desaparecimento e descrédito nas academias. E sem transmutações de valores! Tarefa heróica a de Joel Pizzini. Ainda necessitamos demais desses heróis!

E da arte e da estética em seu sentido máximo. O de uma sensibilidade ampliada pelos movimentos de alterações macroestruturais, depois de percorrida a história como antecipou Hegel para chegar a algum princípio dialético, este que Marx ampliou. Indo além da fenomenologia do espírito. Criando espírito e corpo como substâncias, princípios humanos, mais dialetizados para que o ser feito de si mesmo pudesse corresponder a esta significação que a nossa cultura não permite, retarda, como alienação e exclusão. Como neste filme de Pizzini. Repetindo: obra de substância demais humana. E de Ney Matogrosso como personagem e, quase mito, espírito e corpo, história e ações de linguagem mais musical em equilíbrio corporal a caminho das esferas. Incomparável como sempre foi e, como o conhecemos em seus primeiros movimentos, como um pássaro da noite em voos de Minerva. A astúcia dos sentidos. Movimento de contradições, definindo extremos! Ney de olho nu. Visão mitológica de espírito e corpo que se desnudam. Para uma proteção sem limites da liberdade e de uma verdade conquistada com luta e sacrifícios; a exemplo de Prometeu. Joel Pizzini já está recompensado pela obra plenamente realizada. Um filme necessário à história da MPB, ao cinema e à vida.

ATENTO E FORTE AOS 71, NEY FAZ DO TEMPO SUA CASA EM SHOW QUENTE E LIVRE

MAURO FERREIRA | BLOG NOTAS MUSICAIS | 1º DE MARÇO DE 2013

"O tempo é o meu lugar / O tempo é a minha casa / A casa é onde eu quero estar". Através destes versos do refrão de "A ilusão da casa" (2000), bela balada do compositor gaúcho Vitor Ramil interpretada por Ney Matogrosso no show *Atento aos Sinais*, o cantor de Mato Grosso se situa em cena, no seu próprio tempo e espaço, livre, sem amarras estéticas.

Atento e forte aos 71 anos, Ney Matogrosso mal encerrou a turnê do show *Beijo Bandido* já está de volta à cena com espetáculo quente, pop, urgente, de roteiro sempre surpreendente, calcado em músicas de artistas do universo *indie* brasileiro.

Na estreia nacional de *Atento aos Sinais* no Cine-Theatro Central de Juiz de Fora (MG), em 28 de fevereiro de 2013, Ney Matogrosso se reafirmou um (grande) intérprete inclassificável, já atemporal, politizado. Sob a direção musical do tecladista Sacha Amback, o cantor dá sua voz metálica a compositores *cults* e/ou emergentes em show feito na pressão. A pegada dos arranjos é calcada nos metais. Egresso da banda Ouro Negro, o trombonista Everson Moraes sopra com o trompetista Aquiles Moraes sons calorosos ao longo de todo o show. A metaleira já ecoa forte no refrão do primeiro impactante número, "Rua da Passagem (Trânsito)" (1999), parceria de Lenine com Arnaldo Antunes que espoca *flash* do caos urbano, sinalizando a efervescência do espetáculo. Explosiva, "Incêndio" (1992) – música do repertório da banda carioca Urge, plataforma dos primórdios *punks* do compositor Pedro Luís – mantém elevada a temperatura, aquecida também pela luz vermelha que incide sobre o palco. Incandescentes, os metais simulam as sirenes de um carro de bombeiros.

Na sequência, o rock "Vida louca vida" (Lobão e Bernardo Vilhena, 1987) reitera o tom urgente do roteiro.

Imagens antigas de Ney – que remetem à fase dos anos 1970, de discos como *Pecado* (1977) e *Feitiço* (1978) – são projetadas como a sinalizar balanço existencial de vida que já foi louca. Termina, então, o bloco cheio de pressão do início do show.

Após retirada estratégica de peça do figurino, "Roendo as unhas" (Paulinho da Viola, 1973) abre *set* menos incendiário, mas nem por isso menos incisivo. Fora do universo do samba e do choro, o tema de Paulinho se ajusta à pegada do show com suingue latino. "Noite torta" (1993) – primeira das três músicas de Itamar Assumpção (1949-2003), compositor predominante no roteiro – soa climática, com leve psicodelia. A letra fala em espelho. E, de certa forma, tal citação está refletida no cenário, que aloca um espelho ao centro do palco – base para a troca de figurinos.

É sentado na frente do espelho que Ney canta o tema de Itamar. "Oração", tema do emergente Dani Black que expõe na letra o título do show, suplica aos céus uma vida sem tempos mortos. "Não hei de ceder ao vazio desses dias iguais", promete Ney, lendo a letra no *teleprompter*, mas sem que a leitura (desta letra e dos versos de outras músicas) tire a força de sua interpretação.

Paradoxalmente, vem em seguida o único tempo quase morto do show. É quando – ao som de ruídos e efeitos eletrônicos de tom futurista – Ney muda de figurino numa troca que, ao menos na estreia nacional de *Atento aos Sinais,* resultou demorada. Retomado o roteiro, "Two naira fifty kobo" – tema de Caetano Veloso, lançado pelo compositor em seu álbum *Bicho* (1977) – ganha batuque tribal e sentido político adicional em tempos de aniquilação de povos indígenas.

Imagens de índios, aliás, são projetadas nas plataformas metaleiras que compõem o cenário metálico. Um dos pontos mais altos do show, "Freguês da meia-noite" – abolerada música lançada pelo rapper paulista Criolo em seu consagrador álbum *Nó na Orelha* (2011) – esboça clima noturno que brinca com códigos do cancioneiro kitsch nacional.

É a senha para um bloco de sensualidade mais erotizada. "Isso não vai ficar assim" – xote de Itamar Assumpção, gravado por Ney em 2012 em dueto com Zélia Duncan para disco em que a cantora aborda a obra do Nego Dito – é veículo para a exposição dessa sensualidade exibicionista do cantor, elevada a níveis explicitamente provocantes no verso "beija-me".

Também ambientada no clima quente do bloco, "Pronomes" (Beto Boing e Paulo Passos, 2006) – pop rock tropical do repertório da banda paulista Zabomba – propõe mais liberdade e menos regras na gramática sexual.

"Beijos de imã" – música em que Ney se apresenta como compositor, assinando o tema com Jerry Espíndola, Alzira Espíndola e Arruda – cola nesse tom erotizado e brinca em cima daquilo. Ney se deleita em cena, para gozo da plateia, Sucesso cult da banda carioca Tono, "Não consigo" (Rafael Rocha, 2010) também bate na tecla da sensualidade no registro quase lascivo de Ney. O arranjo da música tem toque kitsch na introdução e no fim do número.

Terceira música de Itamar Assumpção a entrar em cena, "Fico louco" (1983) ainda pode ficar mais louca no decorrer da temporada.

Já o balanço pop tropical do "Samba do blackberry" (Rafael Rocha e Alberto Continentino, 2010) – outra música do repertório do grupo carioca Tono – surte efeito de cara, injetando humor no mosaico contundente de *Atento aos Sinais*.

Confirmando o caráter surpreendente do roteiro, montado sem hits e sem concessões, "Tupi fusão" expõe em cena a verborragia consciente do rapper alagoano Vítor Pirralho. O tema é valorizado pela coreografia de Ney no número.

No fim, "Todo mundo o tempo todo" – ótima composição do inspirado Dan Nakagawa – fecha o show em grande estilo, traduzindo na letra a efervescência e a inquietude de *Atento aos Sinais,* espetáculo exuberante que celebra o movimento incessante e renovador da vida.

No bis, Ney é alvo da ovação da plateia ao reviver "Amor" (João Ricardo e João Apolinário, 1973), música menos batida do primeiro álbum do Secos & Molhados, grupo que deu visibilidade nacional ao cantor há 40 anos.

Na sequência, "Astronauta lírico" – outra joia rara da lavra delicada do compositor Vítor Ramil – comove com sua beleza.

Bolas de sabão caem sobre o palco e o público. É o sinal emocionante de que a viagem chegara ao fim. Ney – o astronauta libertário e libertado – está de volta à Terra, atento, forte, renovado, fazendo do tempo sua casa e lugar.

DISCOGRAFIA

Secos & Molhados [1973 | Continental]

1. "Sangue Latino" (João Ricardo/Paulinho Mendonça) 2. "O vira" (João Ricardo/Luhli) • 3. "O patrão nosso de cada dia"(João Ricardo) • 4. "Amor" (João Ricardo/João Apolinário) • 5. "Primavera nos dentes" (João Ricardo/João Apolinário) • 6. "Assim assado" (João Ricardo) • 7. "Mulher barriguda" (João Ricardo/Solano Trindade) • 8. "El Rey" (Gerson Conrad/João Ricardo) • 9. "Rosa de Hiroshima" (Gerson Conrad/Vinicius de Moraes) • 10. "Prece cósmica" (João Ricardo/Cassiano Ricardo) • 11. "Rondó do capitão" (João Ricardo/Manuel Bandeira) 12. "As andorinhas" (João Ricardo/Cassiano Ricardo) • 13. "Fala" (João Ricardo/Luhli)

Secos & Molhados [1974 | Continental]

1. "Tercer mundo" (João Ricardo/Julio Cortázar) • 2. "Flores astrais" (João Ricardo/João Apolinário) • 3. "Não, não digas nada" (João Ricardo/Fernando Pessoa) • 4. "Medo mulato" (João Ricardo/Paulinho Mendonça) • 5. "Oh! Mulher infiel" (João Ricardo) • 6. "Voo" (João Ricardo/João Apolinário) • 7. "Angústia" (João Ricardo/João Apolinário) • 8. "O hierofante" (João Ricardo/Oswald de Andrade) • 9. "Caixinha de música do João" (João Ricardo) • 10. "O doce e o amargo" (João Ricardo/P. Mendonça) • 11. "Preto velho" (João Ricardo) • 12. "Delírio" (Gerson Conrad/P. Mendonça) • 13. "Toada & rock & mambo & tango & etc." (João Ricardo/Luhli)

Água do Céu – Pássaro [1975 | Continental]

1. "Homem de Neanderthal" (Luiz Carlos Sá) • 2. "Corsário" (João Bosco/Aldir Blanc) • 3. "Açúcar candy" (Suely Costa/Tite de Lemos) • 4. "Pedra de rio" (Luhli/Lucina/Paulo César) • 5. "Idade de ouro" (Jorge Omar/Paulo Mendonça) • 6. "Bodas" (Ruy Guerra/Milton Nascimento) • 7. "Mãe preta (barco negro)" (Piratini/Caco Velho) • 8. "Coubanakan" (Moisés Simon/Sauvat/Chamfleurry) • 9. "América do Sul" (Paulo Machado)

Bandido [1976 | Continental]

1. "Bandido corazón" (Rita Lee) • 2. "Aqui e agora" (Luhli) • 3. "Cante uma canção de amor" (Odair José, Maxine) • 4. "Paranpanpan" (Sergio De Karlo) • 5. "A gaivota" (Gilberto Gil) | participação especial: Gilberto Gil • 6. "Usina de prata" (Rosinha de Valença) | participação especial: Rosinha de Valença • 7. "Trepa no coqueiro" (Ari Kerner) • 8. "Pra não morrer de tristeza" (João Silva, K. Boclinho) • 9. "Mulheres de Atenas" (Chico Buarque, Augusto Boal) • 10. "Airecillos" (Marlui Miranda) • Bônus: 11. "Pra não morrer de tristeza" (versão demo) 12."Postal de amor" (versão 1) • 13. "Ponta do lápis"

Pecado [1977 | Continental]

1. "Boneca cobiçada" (Bolinha, Biá) • 2. "Metamorfose ambulante" (Raul Seixas) • 3. "Desafinado" (Tom Jobim, Newton Mendonça) • 4. "Da cor do pecado" (Bororó) • 5. "Com a boca no mundo" (Rita Lee, Luis Sérgio Carlini, Lee Marcucci) • 6. "Tigresa" (Caetano Veloso) • 7. "San Vicente" (Milton Nascimento, Fernando Brant) • 8. "Sangue latino" (João Ricardo, Paulinho Mendonça) • 9. "Postal de amor" (Fagner, Fausto Nilo, Ricardo Bezerra) 10. "Retrato marrom" (Rodger Rogério, Nilo)

Feitiço [1978 | Continental]

1. "Bandolero" (Luhli e Lucina) • 2. "Mal necessário" (Mauro Kwitko) • 3. "Dos cruces" (Carmelo Larrea) • 4. "Fé menino" (Gilberto Gil) • 5. "Não existe pecado ao sul do equador" (Chico Buarque, Ruy Guerra) • 6. "Sensual" (Belchior, Tuca) • 7. "Rejeição" (Ricardo Pavão) • 8. "Angra" (João Bosco, Aldir Blanc) • 9. "O tic-tac do meu coração" (Alcyr Pires Vermelho, Valfrido)

Seu Tipo [1979 | WEA]

1. "Seu tipo" (Luiz Carlos Góes, Eduardo Dusek) • 2. "Dor medonha" (Fátima Guedes) • 3. "Último drama" (Mauro Kwitko) • 4. "Ardente" (Joyce) • 5. "Encantado" (Nature boy) 6. "Falando de amor" (Tom Jobim, Vinicius de Moraes) • 7. "Cachorro vira-lata" (Alberto Ribeiro) • 8. "Me rói" (Luhli e Lucina) • 9. "Trapaça" (Herman Torres, Salgado Maranhão) • 10. "Tem gente com fome" (João Ricardo, Solano Trindade) • 11. "Rosa de Hiroshima" (Gerson Conrad, Vinícius de Moraes)

Sujeito Estranho [1980 | WEA]

1. "Napoleão" (Luhli e Lucina) • 2. "Ando meio desligado" (Os Mutantes – Arnaldo Baptista, Rita Lee, Sérgio Dias) • 3. "Sujeito estranho" (Oswaldo Montenegro) • 4. "Não há cabeça" (Angela Ro Ro) • 5. "Coração aprisionado" (Luhli e Lucina) • 6. "Balada da arrasada" (Ro Ro) • 7. "Um índio" (Caetano Veloso) • 8. "O seu amor" (Gilberto Gil) • 9. "Mãe preta" (Piratini, Caco Velho) • 10. "Rio de Janeiro [Isto é o meu Brasil] (Ary Barroso) • 11."Doce vampiro" (Rita Lee)

Ney Matogrosso [1981 | WEA]

1. "Deixa a menina" (Chico Buarque) • 2. "Espinha de bacalhau" (Fausto Nilo, Severino Araújo) | participação especial: Gal Costa, Severino Araújo e Orquestra Tabajara • 3. "Viajante" (Teresa Tinoco) • 4. "Mata virgem" (Raul Seixas, Tania Menna Barreto) • 5. "Homem com H" (Antônio Barros) • 6. "Amor objeto" (Rita Lee, Roberto de Carvalho) • 7. "Vida, vida" (Guilherme Maia, Moraes Moreira, Zeca Barreto) • 8. "De Marte" (Luhli e Lucina) • 9. "Folia no matagal" (Eduardo Dusek, Luiz Carlos Góes)

Matogrosso [1982 | Ariola]

1. "Alegria carnaval" (Jorge Aragão, Nílton Barros) •
2. "Uai, uai" (Rita Lee, Roberto de Carvalho) com Rita Lee • 3. "Por debaixo dos panos" (Cecéu) • 4. "Tanto amor" (Chico Buarque) • 5. "Primeiro de abril" (Antonio Brasileiro, Roderiki) • 6. "Não faz sentido" (Pedrão, Marcelo Sussekind, Serginho Araújo) • 7. "Johnny pirou" [Johnny B. Goode] (Chuck Berry) | Versão: Leo Jaime, Tavinho Paes • 8. "Promessas demais" (Zeca Barreto, Moraes Moreira, Paulo Leminski) • 9. "Aquela fera" (Sá e Guarabyra)

...Pois É [1983 | Polygram]

1. "10 anos" (pot-pourri)
- "Coubanakan" (Moisés Simons, Sauvat, Champfleury)
- "América do Sul" (Paulo Machado)
- "Açúcar candy" (Sueli Costa, Tite de Lemos)
- "Usina de prata" (Rosinha de Valença)
- "Trepa no coqueiro" (Ari Kerner)
- "Sangue latino" (João Ricardo, Paulinho Mendonça)
- "Mulheres de Atenas" (Chico Buarque, Augusto Boal)
- "Deixa a menina" (Chico Buarque)
- "Não existe pecado ao sul do equador" (Ruy Guerra, Chico Buarque)
- "Paranpanpan" (Sergio De Karlo)
- "Bandido corazón" (Rita Lee)
- "Bandolero" (Luhli e Lucina)
- "Idade de ouro" (Jorge Omar, Paulo Mendonça)
- "Vida, vida" (Guilherme Maia, Moraes Moreira, Zeca Barreto)
- "Homem com H" (Antônio Barros)
2. "...Pois é" (John Neschling, Geraldo Carnciro) • 3. "Coração civil" (Milton Nascimento, Fernando Brant) • 4. "Me abrace mais" (Jorge Aragão) • 5. "Babalu" (Margarita Lecuona) • 6. "Pro dia nascer feliz" (Cazuza, Frejat) • 7. "Cobra Manaus" (Eduardo Dusek, Luiz Carlos Góes) • 8. "Bambo do bambu" (Almirante, Valdo Abreu) • 9. "Fogo e risco" (Marina Lima, Antonio Cicero) • 10. "Calúnias [Telma eu não sou gay/Tell me once again] (Brian Anderson. Paródia: Leo Jaime, Leandro Verdeal, Selvagem Big Abreu) | Participação especial: João Penca e Seus Miquinhos Amestrados • 11. "Até o fim" (Chico Buarque)

Destino de Aventureiro [1984 | Polygram]

1. "Destino de aventureiro" (Eduardo Dusek, Luiz Carlos Góes) • 2. "Por que a gente é assim?" (Cazuza, Frejat, Ezequiel Neves) • 3. "Pra virar lobisomem" (Cecéu) • 4. "Êta nóis" (Luhli e Lucina) • 5. "Retrato marrom" (Rodger Rogério, Fausto Nilo) • 6. "Namor" (Piska, Góes) • 7. "Tão perto" (Milton Nascimento, Fernando Brant) • 8. "O rei das selvas" (Dusek, Góes) • 9. "Bate-boca" (Herman Torres, Tavinho Paes) • 10. "Vereda tropical" (Gonzalo Curiel)

Bugre [1986 | Polygram]

1. "Dívidas de amor" (Leoni, Ney Matogrosso) • 2. "Vertigem" (RPM, Matogrosso) • 3. "Mente, mente" (Robson Borba) • 4. "Balada do louco" (Arnaldo Baptista, Rita Lee) • 5."Bugre" (Luhli e Lucina) | com Arrigo Barnabé • 6. "História do Brasil" (Jorge Aragão, Nílton Barros) • 7. "Fratura (não) exposta" (Piska, Cazuza, Ezequiel Neves) • 8. "Pro John" (Fábio Agra, Antonio Ventura) • 9. "Las muchachas de Copacabana" (Chico Buarque) • 10. "Povo do ar" (Sá, Rodrix)

Pescador de Pérolas [1987 | CBS]

1. "O mundo é um moinho" (Cartola) • 2. "Segredo" (Herivelto Martins, Marino Pinto) • 3. "Tristeza do Jeca" (Angelino de Oliveira) • 4. "Dora" (Dorival Caymmi) • 5. "A lua girou" (Folclórico. Adaptação: Milton Nascimento) • 6. "Mi par d'udir ancora" (Georges Bizet) | Ária da ópera *Les pêcheurs de perles* • 7. "Quem sabe?" (Carlos Gomes) • 8. "Dos cruces" (Carmelo Larrea) • 9. "Alma llanera" (Pedro Elías Gutiérrez) • 10. "Bésame mucho" (Consuelo Velázquez) • 11. "Da cor do pecado" (Bororó) • 12. "Rio de Janeiro [Isto é o meu Brasil]" (Ary Barroso) • 13. "Aquarela do Brasil" (Ary Barroso)

A Floresta do Amazonas de Villa-Lobos [1987 | Kuarup]

Obra de Heitor Villa-Lobos composta em 1958, uma de suas últimas composições. Em 1987, foi gravada uma criação livre sobre o original para piano, um dos inúmeros manuscritos inéditos de Villa-Lobos. Alguns cantores populares, como Maria Bethânia, Ney Matogrosso, Djavan e Zizi Possi, cantaram uma ou mais das canções em versões adaptadas.

Quem Não Vive Tem Medo da Morte [1988 | CBS]

1. "Felicidade zen" (Arnaldo Brandão, Tavinho Paes) • 2. "Dama do cassino" (Caetano Veloso) • 3. "Chavão abre porta grande" (Itamar Assumpção, Ricardo Guará) • 4. "Um rei" (Celso Fonseca, Ronaldo Bastos) • 5. "Recompensa" (Jorge Aragão, Jotabê) • 6. "Vamos pra Lua" (Piska, Bastos) • 7. "Todo o sentimento" (Cristovão Bastos, Chico Buarque) • 8. "Só" (Oswaldo Montenegro) • 9. "Tudo é amor" (Laura Finocchiaro, Cazuza) • 10. "Caro amigo" (Lucio Dalla, Aloysio Reis, Byafra)

Ao Vivo [1989 | CBS]

1. "América do Sul" (Paulo Machado) • 2. "Comida" (Arnaldo Antunes, Sérgio Britto, Marcelo Fromer) • 3. "O beco" (Herbert Vianna, Bi Ribeiro) • 4. "Andar com fé" (Gilberto Gil) • 5. "Rumba azul" (Armando Oréfiche) • 6. "Bandolero" (Luhli e Lucina) • 7. "Alma llanera" (Pedro Elías Gutiérrez) • 8. "Oh! Lua" (Alfredo Gregório) • 9. "Metamorfose ambulante" (Raul Seixas) • 10. "Viajante" (Thereza Tinoco) • 11. "Morena de Angola" (Chico Buarque) • 12. "Alegria carnaval" (Jorge Aragão, Nílton Barros) • 13. "América do Sul" (Machado) | Instrumental

À Flor da Pele [1991 | Som Livre]

parceria com o violonista Raphael Rabello
1. "Modinha" (Tom Jobim, Vinicius de Moraes) •
2. "Retrato em branco e preto" (Chico Buarque, Jobim) •
3. "Molambo" (Jayme Thomás Florence, Augusto Mesquita)
• 4. "Da cor do pecado" (Bororó) • 5. "No rancho fundo"
(Ary Barroso, Lamartine Babo) • 6. "Último desejo" (Noel
Rosa) • 7. "Na Baixa do Sapateiro" (Barroso) • 8. "As rosas
não falam" (Cartola) • 9. "Autonomia" (Cartola) • 10. "Três
apitos" (Rosa) • 11. "Caminhemos / Segredo" (Herivelto
Martins / Marino Pinto) • 12. "Negue" (Adelino Moreira, Enzo de Almeida
Passos) • 13. "Vereda tropical" (Gonzalo Curiel) • 14."Balada do louco" (Arnaldo
Baptista, Rita Lee)

As Aparências Enganam [1993 | Polygram]

parceria com o grupo Aquarela Carioca
1. "Notícias do Brasil (Os pássaros trazem)" (Milton
Nascimento, Fernando Brant) • 2. "FM Rebeldia" (Alceu
Valença) • 3. "A tua presença morena" (Caetano Veloso) •
4. "O ciúme" (Veloso) • 5. "Sangue latino" (João Ricardo,
Paulinho Mendonça) • 6. "Fruta boa" (Milton Nascimento,
Fernando Brant) • 7. "Las muchachas de Copacabana"
(Chico Buarque) • 8. "El manisero" (Moisés Simons) •
9. "Pavão mysteriozo" (Ednardo) • 10. "Cheiro de saudade"
(Valença) • 11. "Pedra de rio" (Luhli e Lucina) • 12. "Vendedor de bananas"
(Jorge Ben) • 13. "Cirandas" | Pot-pourri
- "Vou dançar ciranda" (José Bartolomeu, Fernando Borges)
- "Ô se balança" (Ozires Diniz, Fernando Borges)
- "Moreno cirandeiro" (Ozires Diniz, Duda)
- "Moça namoradeira" (Lia de Itamaracá)
- "Quem me deu foi Lia" (Baracho, Ciranda 1)
- "Menina linda" (Evanildo Maia, Gelson Menezes) | Instrumental
14."As aparências enganam" (Tunai, Sérgio Natureza)

Estava Escrito [1994 | Polygram]

1. "Estava escrito" (Lourival Faissal) • 2. "Desejo" (Othon Russo, Paulo Marques) • 3. "Escuta" (Ivon Curi) • 4. "Só vives pra Lua" (Ricardo Galeno, Russo) | participação especial: Angela Maria • 5. "Nem eu" (Dorival Caymmi) • 6. "Orgulho" (Nelson Wenderkind, Waldir Rocha) • 7. "Saia do caminho" (Custódio Mesquita, Evaldo Rui) • 8. "Fósforo queimado" (Paulo Menezes, Milton Legey) • 9. "Recusa" (Herivelto Martins) • 10. "Balada triste" (Dalton Vogeler, Esdras Silva) • 11. "Amendoim torradinho" (Henrique Beltrão) • 12. "Lábios de mel" (Rocha) • 13. "Babalú" (Margarita Lecuona)

Um Brasileiro - Ney Matogrosso Interpreta Chico Buarque [1996 | Polygram]

1. "Construção" (Chico Buarque) • 2. "Moto-contínuo" (Edu Lobo, Chico Buarque) • 3. "Cala a boca, Bárbara" (Ruy Guerra, Chico Buarque) • 4. "Mil perdões" (Chico Buarque) • 5. "Valsinha" (Vinicius de Moraes, Chico Buarque) • 6. "Minha história" [Gesù Bambino] (Lucio Dalla, Paola Pallottino. Versão: Vinicius de Moraes, Chico Buarque) • 7. "Soneto" (Chico Buarque) • 8. "Roda-viva" (Chico Buarque) • 9. "Corrente" (Chico Buarque) • 10. "Bom conselho" (Chico Buarque) • 11. "Partido alto" (Chico Buarque) • 12. "Homenagem ao malandro" (Chico Buarque) • 13. "Até o fim" (Chico Buarque) | participação especial: Chico Buarque • 14. "Almanaque" (Chico Buarque) • 15. "Acalanto para Helena" [Incidental] (Chico Buarque) • 16. "A banda" (Chico Buarque) • 17. "Não existe pecado ao sul do equador" (Ruy Guerra, Chico Buarque)

Vinte e Cinco [1996 | Polygram]

CD1

1. "América do Sul" (Paulo Machado) • 2. "Coubanakan" (Moisés Simons Rodriguez, Sauvat e Chamfleury) | versão: Romeu Nunes • 3. "Bandido corazón" (Rita Lee) | versão: Chiquita • 4. "Vira" (João Ricardo, Luhli) • 5. "Sangue latino" (Paulinho Mendonça, João Ricardo) • 6. "Rosa de Hiroshima" (Gerson Conrad, Vinicius de Moraes) • 7. "Tem gente com fome" (Solano Trindade, João Ricardo) • 8. "Bandolero" (Luhli e Lucina) • 9. "Mal necessário" (Mauro Kwitko) • 10. "Falando de amor" (Tom Jobim) • 11. "Viajante" (Teresa

Tinoco) • 12. "Cachorro vira-lata" (Alberto Ribeiro) • 13. "Uai, uai" (Roberto de Carvalho, Rita Lee) | participação especial: Rita Lee • 14. "Balada do louco" (Arnaldo Baptista, Rita Lee)

CD 2
1. "Vereda tropical" (Gonzalo Curiel) • 2. "Homem com H" (Antônio Barros) • 3. "Bambo de bambu" (Almirante, Valdo Abreu) • 4. "Cobra Manaus" (Eduardo Dusek, Luiz Carlos Goés) • 5. "Tanto amor" (Chico Buarque) • 6. "Destino de aventureiro" (Eduardo Dusek, Luiz Carlos Goés) • 7. "O Beco" (Herbert Vianna, Bi Ribeiro) • 8. "Andar com fé" (Gilberto Gil) • 9. "Retrato em branco e preto" (Tom Jobim, Chico Buarque) • 10. "A tua presença morena" (Caetano Veloso) | com Aquarela Carioca • 11. "El manicero" (Rodríguez) | música incidental: "Baby" (Caetano Veloso) • 12. "Amendoim torradinho" (Henrique Beltrão) • 13. "Yolanda" (Pablo Milanés) | versão: Chico Buarque • 14. "Pro dia nascer feliz" (Cazuza, Frejat)

O Cair da Tarde [1997 | Polygram]

1. "Cair da tarde" (Heitor Villa-Lobos, Dora Vasconcellos) • 2. "Modinha" (Tom Jobim, Vinicius de Moraes) • 3. "Veleiros" (Heitor Villa-Lobos, Dora Vasconcellos) • 4. "Tema de amor de Gabriela" (Tom Jobim) • 5. "Modinha (Serestas)" (Manuel Bandeira, Heitor Villa-Lobos) • 6. "Sem você" (Tom Jobim, Vinicius de Moraes) • 7. "Melodia sentimental" (Heitor Villa-Lobos, Dora Vasconcellos) • 8. "Canção em modo menor" (Tom Jobim, Vinicius de Moraes) • 9. "Prelúdio nº 3 (Prelúdio da solidão)" (Hermínio Bello de Carvalho, Heitor Villa-Lobos) • 10. "Caicó (Cantigas)" (Tema folclórico) • 11. "Cirandas" (Pot-pourri)
- "Se essa rua fosse minha"
- "Terezinha de Jesus"
- "Condessa"
- "O cravo brigou com a rosa" (Instrumental)
- "A maré encheu"
- "Passa, passa, gavião" (Instrumental)
12."Trenzinho do caipira" (Heitor Villa-Lobos, com poema de Ferreira Gullar) • 13. "Águas de março" (Tom Jobim) • 14. "Pato preto" (Tom Jobim)

Olhos de Farol [1999 | Polygram]

1. "Miséria no Japão" (Pedro Luís) • 2. "Gotas de tempo puro" (Paulinho Moska) • 3. "Vira-lata de raça" (Rita Lee, Beto Lee) • 4. "Novamente" (Fred Martins, Alexandre Lemos) • 5. "Chance de Aladim" (Luhli) • 6. "Poema" (Cazuza, Frejat) • 7. "Olhos de farol" (Ronaldo Bastos, Flávio Henrique) • 8. "Depois melhora" (Luiz Tatit) • 9. "Mais além" (Lenine, Bráulio Tavares, Lula Queiroga, Ivan Santos) • 10. "O som do mundo" (Samuel Rosa, Chico Amaral) • 11. "Fazê o quê?" (Pedro Luís) • 12. "Bomba H" (Alzira Espíndola, Itamar Assumpção) • 13. "A cara do Brasil" (Celso Viáfora, Vicente Barreto)

Vivo [1999 | Polygram]

1. "Mulher barriguda" (João Ricardo, Solano Trindade) • 2. "Com a boca no mundo" (Rita Lee, Luis Sérgio Carlini, Lee Marcucci) • 3. "Miséria no Japão" (Pedro Luís) • 4. "Vira-lata de raça" (Rita Lee, Beto Lee) • 5. "Novamente" (Fred Martins, Alexandre Lemos) • 6. "Poema" (Cazuza, Frejat) • 7. "Mesmo que seja eu" (Erasmo Carlos, Roberto Carlos) • 8. "Faço de tudo" (Renata Arruda, Sandra de Sá, Paulinho Galvão) • 9. "A balada do cachorro louco" (Lenine, Lula Queiroga, Chico Neves) • 10. "O vira" (João Ricardo, Luhli) • 11. "Exagerado" (Cazuza, Ezequiel Neves, Leoni) • 12. "Bomba H" (Alzira Espíndola, Itamar Assumpção) • 13. "O último dia" (Paulinho Moska, Billy Brandão) • 14. "A cara do Brasil" (Celso Viáfora, Vicente Barreto) • 15. "Sangue latino" (João Ricardo, Paulinho Mendonça) • 16. "Rosa de Hiroshima" (Gerson Conrad, Vinicius de Moraes) • 17. "Balada do louco" (Arnaldo Baptista, Rita Lee) • 18. "Homem com H" (Antônio Barros) • 19. "Pro dia nascer feliz" (Cazuza, Frejat) • 20. "Metamorfose ambulante" (Raul Seixas)

Batuque [2001 | Universal]

1. "De papo pro ar" (Joubert de Carvalho, Olegário Mariano) • 2. "Tico-tico no fubá" (Zequinha de Abreu, Eurico Barreiros) • 3. "O que é que a baiana tem?" (Dorival Caymmi) • 4. "Samba rasgado" (Portello Juno, W. Falcão) • 5. "Bambo de bambu" (Almirante, Valdo Abreu) • 6. "Maria boa" (Assis Valente) • 7. "Teu retrato" (Nélson Gonçalves, Benjamin Baptista) • 8. "Adeus, batucada" (Synval Silva) • 9. "Coração" (Synval Silva) • 10. "E o mundo não se acabou" (Assis Valente) • 11. "Bamboleô" (André Filho) • 12. "Vatapá" (Dorival Caymmi) 13. "Urubu malandro" (Louro, João de Barro)

Ney Matogrosso Interpreta Cartola [2002 | Universal]

1. "O sol nascerá (a sorrir)" (Cartola, Elton Medeiros) • 2. "Sim" (Martins, Cartola) • 3. "Cordas de aço" (Cartola) • 4. "Corra e olhe o céu" (Dalmo Castello, Cartola) • 5. "As rosas não falam" (Cartola) • 6. "Acontece" (Cartola) • 7. "Tive sim" (Cartola) • 8. "O mundo é um moinho" (Cartola) • 9. "Peito vazio" (Cartola, Elton Medeiros) • 10. "Senões" (Nuno Veloso, Cartola) • 11. "Ensaboa" (Cartola) • 12 "Desfigurado" (Cartola)

Ney Matogrosso Interpreta Cartola: ao Vivo [2003 | Universal]

1. "O sol nascerá (a sorrir)" (Cartola, Elton Medeiros) • 2. "Sim" (Martins, Cartola) • 3. "Cordas de aço" (Dalmo Castello, Cartola) • 4. "Corra e olhe o véu" (Cartola) • 5. "As rosas não falam" (Cartola) • 6. "Acontece" (Cartola) • 7. "Basta de clamares inocência" (Cartola) • 8. "Autonomia" (Cartola) • 9. "Tive sim" (Cartola) • 10. "O mundo é um moinho" (Cartola) • 11. "Amor proibido" • 12. "Peito vazio" (Cartola, Elton Medeiros) • 13. "Senões" (Nunes Veloso, Cartola) • 14. "Ensaboa" (Cartola) • 15. "Desfigurado" (Cartola) • 16. "Não quero mais amar ninguém" (Cartola, Carlos Cachaça, Zé da Zilda) • 17. "Preciso me encontrar" (Cartola) • 18. "Peito vazio" (Cartola, Elton Medeiros) • 19. "Basta de clamares inocência" (Cartola) • 20. "O sol nascerá (a sorrir)" (Cartola, Elton Medeiros)

Vagabundo – Ney Matogrosso & Pedro Luís e a Parede [2004 | Universal]

1. "A ordem é samba" (Jackson do Pandeiro, Severino Ramos) • 2. "Seres tupy" (Pedro Luís) • 3. "Transpiração"(Alzira Espíndola, Itamar Assumpção) • 4. "Interesse" (Suely Mesquita, Pedro Luís) • 5. "Assim assado" (João Ricardo) • 6. "Noite severina" (Lula Queiroga, Pedro Luís) • 7. "Vagabundo" (Antônio Saraiva) • 8. "Inspiração" (Gilberto Mendonça Teles, Pedro Luís) • 9. "Disritmia" (Martinho da Vila) • 10. "Napoleão" (Luhli/Lucina) • 11. "Tempo a fora" (Fred Martins, Marcelo Diniz) • 12. "Jesus" (Gustavo Valente, Lucas de Oliveira, Dado, André Pessoa, Rodrigo Cabelo, Beto Valente, Pedro Luís) • 13. "Finalmente" (Alzira Espíndola, Paulo Salles, Itamar Assumpção) • 14. "O mundo" (André Abujamra)

Canto em Qualquer Canto [2005 | Universal]

1. "Canto em qualquer canto" (Monica Salmaso) • 2. "Ardente" (Joyce) • 3. "Amendoim torradinho" (Henrique Beltrão) • 4. "Bamboleô" (André Filho) • 5. "Uma canção por acaso" (Jussara Silveira) • 6. "Dos cruces" (Carmelo Larrea) • 7. "Retrato marrom" (Fausto Nilo) • 8. "Oriente" (Gilberto Gil) • 9. "Bandoleiro" (Luhli e Lucina) • 10. "Duas nuvens" (Pedro Joia, Tiago Torres da Silva) • 11. "O doce e o amargo" (João Ricardo, Paulo Mendonça) • 12. "Lábios de mel" (Waldir Rocha) • 13. "Tanto amar" (Chico Buarque) • 14. "Já te falei" (Arnaldo Antunes, Carlinhos Brown, Dadi Carvalho, Marisa Monte)

Vagabundo Ao Vivo – Ney Matogrosso & Pedro Luís e a Parede [2006 | Universal]

1. "A ordem é samba" (Jackson do Pandeiro, Severino Ramos) • 2. "Seres tupy" (Pedro Luís) • 3. "Transpiração" (Alzira Espíndola, Itamar Assumpção) • 4. "Interesse" (Suely Mesquita, Pedro Luís) • 5. "Assim assado" (João Ricardo) • 6. "Noite severina" (Lula Queiroga, Pedro Luís) • 7. "Vagabundo" (Antônio Saraiva) • 8. "Inspiração" (Gilberto Mendonça Teles, Pedro Luís) • 9. "Disritmia" (Martinho da Vila) • 10. "Napoleão" (Luhli/Lucina) • 11. "Tempo afora" (Fred Martins, Marcelo Diniz) • 12. "Jesus" (Gustavo Valente, Lucas de Oliveira, Dado, André Pessoa, Rodrigo Cabelo, Beto Valente, Pedro Luís) • 13. "Finalmente" (Alzira Espíndola, Paulo Salles, Itamar Assumpção) • 14. "O mundo" (André Abujamra)

Inclassificáveis [2008 | EMI Music]

1. "O tempo não para" (Cazuza, Frejat) • 2. "Mal necessário" (Mauro Kwitko) • 3. "Leve" (Iara Rennó, Alice Ruiz) • 4. "Fraterno" (Pedro Luís) • 5. "Ouça-me" (Itamar Assumpção) • 6. "Um pouco de calor" (Dan Nakagawa) • 7. "Mente, mente" (Robinson Borba) • 8. "Lema" (Lokua Kanza, Carlos Rennó) • 9. "Sea" (Jorge Drexler) • 10. "Por que a gente é assim?" (Cazuza, Frejat) • 11. "Existem coisas na vida" (Itamar Assumpção) • 12. "Ode aos ratos" (Chico Buarque, Edu Lobo) • 13. "Inclassificáveis" (Arnaldo Antunes) • 14. "Veja bem, meu bem" (Marcelo Camelo) • 15. "Coragem, coração" (Carlos Rennó, Cláudio Monjope) • 16. "Divino, maravilhoso" (Caetano Veloso)

Beijo Bandido [2009 EMI | Music]

1. "Tango para Tereza" (Altemar Dutra) • 2. "De cigarro em cigarro" (Nora Ney) • 3. "Fascinação" (Dante Marchetti, Maurice de Feraudy) | versão: Armando Louzada • 4. "A cor do desejo" (Júnior de Almeida e Ricardo Guima) • 5. "Invento" (Vitor Ramil) • 6. "Nada por mim" (Herbert Vianna, Paula Toller) • 7. "Segredo" (Herivelto Martins, Marino Pinto) • 8. "A bela e a fera" (Edu Lobo, Chico Buarque) • 9. "Doce de coco" (Hermínio Bello de Carvalho, Jacob do Bandolim) • 10. "Medo de amar" (Vinicius de Moraes) • 11. "Bicho de sete cabeças" (Zé Ramalho) • 12. "As ilhas" (Astor Piazzolla, Geraldo Carneiro) • 13. "Mulher sem razão" (Adriana Calcanhotto) • 14. "À distância" (Roberto Carlos, Erasmo Carlos)

Beijo Bandido Ao Vivo [2011 | EMI Music]

1. "Tango para Tereza" (Altemar Dutra) • 2. "Da cor do pecado" • 3. "Invento" (Vitor Ramil) • 4. "De cigarro em cigarro" (Nora Ney) • 5. "À distância" (Roberto Carlos, Erasmo Carlos) • 6. "Tema de amor de Gabriela" (Tom Jobim) • 7. "Poema dos olhos da amada" • 8. "A cor do desejo" (Júnior de Almeida e Ricardo Guima) • 9. "Nada por mim" (Herbert Vianna, Paula Toller) • 10. "Segredo" (Herivelto Martins, Marino Pinto) • 11. "Bicho de sete cabeças II" (Geraldo Azevedo, Zé Ramalho) • 12. "Incinero" (Vinicius de Moraes) • 13. "Mulher sem razão" (Adriana Calcanhotto) • 14. "Fala" (Luhli, João Ricardo) • 15. "Verdade da vida" (Altemar Dutra) • 16. "Seu tipo" (Eduardo Dusek)

Atento Aos Sinais [2013 | Som Livre]

1. "Rua da Passagem (Trânsito)" (Arnaldo Antunes, Lenine) • 2. "Incêndio" (Pedro Luís) • 3. "Roendo as unhas" (Paulinho da Viola) • 4. "Noite torta" (Itamar Assumpção) • 5. "A ilusão da casa" (Vitor Ramil) • 6. "Oração" (Dani Black) • 7. "Isso não vai ficar assim" (Itamar Assumpção) • 8. "Freguês da meia-noite" (Criolo) • 9. "Pronomes" (Beto Bong, Paulo Passos) • 10. "Beijos de imã" (Jerry Espíndola, Alzira Espíndola, Arruda) • 11. "Não consigo" (Rafael Rocha) • 12. "Tupi fusão" (Vitor Pirralho, Dinho Zampier, Pedro Ivo Euzébio, André Meira) • 13. "Samba do blackberry" (Rafael Rocha , Alberto Continentino) • 14. "Todo mundo o tempo todo" (Dan Nakagawa)

Atento aos sinais – Ao Vivo [2014 | Som Livre]

1. "Rua da Passagem (Trânsito)" (Arnaldo Antunes, Lenine) • 2. "Incêndio" (Pedro Luís) • 3. "Vida louca vida" (Cazuza, Lobão) • 4. "Roendo as unhas" (Paulinho da Viola) • 5. "Noite torta" (Itamar Assumpção) • 6. "A ilusão da casa" (Vitor Ramil) • 7. "Two naira fifty kobo" (Caetano Veloso) • 8. "Freguês da meia-noite" (Criolo) • 9. "Isso não vai ficar assim" (Itamar Assumpção) • 10. "Pronomes" (Beto Bong, Paulo Passos) • 11. "Beijos de imã" (Jerry Espíndola, Alzira Espíndola, Arruda) • 12. "Não consigo" (Rafael Rocha) • 13. "Tupi Fusão" (Vitor Pirralho, Dinho Zampier, Pedro Ivo Euzébio, André Meira) • 14. "Samba do blackberry" (Rafael Rocha , Alberto Continentino) • 15. "Todo mundo o tempo todo" (Dan Nakagawa) • 16. "Astronauta lírico" (Vitor Ramil) • 17. "Ex-amor" (Martinho da Vila)

CAIXAS DE DISCOS
Camaleão [2008 |Universal]

Metamorfoses [2011 | Universal]

Ney Matogrosso Anos 70 (Box 6 CDs) [2016 | Warner Music]

* Estes são os discos gravados por Ney Matogrosso. Outros títulos organizados por parceiros e gravadoras não estão incluídos na lista.

DVDS

*Um Brasileiro – Ney Matogrosso
Interpreta Chico Buarque*
[1996 | Universal]

*Ney Matogrosso Interpreta Cartola:
Ao Vivo*
[2003 | Universal]

Vivo
[1999 | Universal]

*Vagabundo – Ney Matogrosso & Pedro
Luís e a Parede* [2004 | Universal]

Batuque
[2001 | Universal]

Canto em Qualquer Canto
[2005 | Universal]

*Vagabundo ao Vivo – Ney Matogrosso
& Pedro Luís e a Parede* [2006 | Universal]

Beijo Bandido ao Vivo
[2011 | EMI Music]

Inclassificáveis
[2008 | EMI / Canal Brasil]

Olho Nu - Documentário
[2012 | Coleção Canal Brasil]

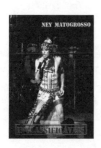

Ensaio
[2010 | Biscoito Fino]

Atento aos Sinais ao Vivo
[2014 | Som Livre]

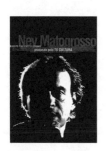

SHOWS

Secos & Molhados [1973 a 1974]
Recorde de público no Maracanãzinho, Rio de Janeiro.

Homem de Neanderthal [1975]
Hotel Nacional, Rio de Janeiro.

Bandido [1976]
Teatro Ipanema, Rio de Janeiro.

Feitiço [1978]
Teatro Alaska, Rio de Janeiro.

Seu Tipo [1980]
Teatro Carlos Gomes, Rio de Janeiro.

Ney Matogrosso (Homem com H) [1981]
Canecão, Rio de Janeiro.

Matogrosso [1982]
Canecão, Rio de Janeiro.

Ney Matogrosso, Alceu Valença, Milton Nascimento e Wagner Tiso [1983]
Noite Brasileira do Festival de Montreux (Suíça)

Destino de Aventureiro [1984]
Circo Tihany, Rio de Janeiro.

Pescador de Pérolas [1987]
Teatro Carlos Gomes, Rio de Janeiro.

Ney Matogrosso ao Vivo [1989]
Hotel Nacional, Rio de Janeiro.

À Flor da Pele | Ney Matogrosso e Raphael Rabello [1990]
Hotel Nacional, Rio de Janeiro.

As Aparências Enganam [1992]
Canecão, Rio de Janeiro.

Estava Escrito [1994]
Metropolitan, Rio de Janeiro.

Um Brasileiro [1996]
Metropolitan, Rio de Janeiro.

Olhos de Farol [1999]
Canecão, Rio de Janeiro.

Ney Matogrosso e Felipe Mukenga | Projeto Pão Music [2000]
Praia de Ipanema, Rio de Janeiro.

Ney Matogrosso e Nó em Pingo d'Água [2000]
Sesc Pompeia, São Paulo.

Vivo [2000]
Canecão, Rio de Janeiro.

Batuque [2001]
ATL Hall, Rio de Janeiro.

Cartola ao Vivo [2002]
Canecão, Rio de Janeiro.

Vagabundo | Ney Matogrosso & Pedro Luís e a Parede [2004]
Canecão, Rio de Janeiro.

Inclassificáveis [2007]
Citibank Hall, São Paulo.

Beijo Bandido [2008]
Canecão, Rio de Janeiro.

Beijo Bandido ao Vivo [2011]
Rio de Janeiro.

Infernynho | Ney Matogroso e Marília Bessy [2012]
Teatro Rival, Rio de Janeiro

Atento aos Sinais [2013 - 2018]
HSBC Brasil, São Paulo.

28º Prêmio da Música Brasileira – Homenagem a Ney Matogrosso [2017]
Theatro Municipal do Rio de Janeiro, Rio de Janeiro.

* Os locais e datas referem-se às estreias dos shows.

TEATRO E CINEMA

Em todos os espetáculos abaixo, trabalhando como ator.

TEATRO

A barca [1971]

Rosinha no túnel do tempo [1972]

A viagem [1972]

Dom Chicote Mula Manca e seu Fiel Companheiro Zé Chupança [1972]

CINEMA

Bandido [1977]
Direção: Carramenha, Maria do Carmo Bracco
Gênero: Documentário
Prêmio: Melhor fotografia no Festival Nacional do Filme Super 8, 5, 1977, São Paulo – SP

Sonho de valsa [1987]
Direção: Ana Carolina
Gênero: Ficção

Caramujo flor [1988]
Direção: Joel Pizzini – Sobre a poesia de Manoel de Barros
Gênero: Ficção
Prêmios: Melhor Direção – Festival de Brasília 1988, Melhor Fotografia – Festival de Brasília 1988, Prêmio Especial da UNB – Festival de Brasília 1988, Melhor Montagem – Rio Cine 1989, Melhor Filme (Júri Oficial) – Festival de Huelva (Espanha) 1988, Menção Honrosa – Festival de Curitiba 1989, Melhor Filme – Jornada do Maranhão 1989, Melhor Fotografia – Jornada do Maranhão 1989 e Melhor Trilha Original – Jornada do Maranhão 1989.

Cazuza, sonho de uma noite no Leblon [1997]
Direção e roteiro: Sérgio Sanz e Marcelo Maia. Direção de fotografia: Jacques Cheviche
Gênero: Documentário.

Diário de um mundo novo [2005]
Direção: Paulo Nascimento
Gênero: Drama

Depois de tudo [2008]
Direção: Rafael Saar
Gênero: Ficção
Prêmios: Festival de Brasília do Cinema Brasileiro – Melhor Ator: Nildo Parente, Festival Mix Brasil de Cinema e Vídeo da Diversidade Sexual – Melhor Interpretação: Ney Matogrosso e Nildo Parente, II For Rainbow – Festival de Cinema da Diversidade Sexual – Melhor Desenho Sonoro – Melhor Roteiro, Destaque em Construção Narrativa – Festival Brasileiro de Cinema Universitário, Rio de Janeiro, 2009, e Melhor Direção – Fest Aruanda do Audiovisual Universitário Brasileiro – 2009.

Alô, alô, Terezinha! [2009]
Direção: Nelson Hoineff
Gênero: Documentário
Prêmios: Cine PE 2009 – Melhor Filme – Júri Oficial, Cine PE 2009 – Melhor Filme – Júri do Público, Cine PE 2009 – Melhor Montagem e Prêmio Gilberto Freyre

Gosto de fel [2011]
Direção: Beto Besant
Gênero: Ficção

Dzi Croquetes [2009]
Direção: Tatiana Issa e Raphael Alvarez
Gênero: Documentário

Primeiro dia de um ano qualquer [2012]
Direção e roteiro: Domingos de Oliveira
Gênero: Comédia

Luz nas trevas – A volta do Bandido da Luz Vermelha [2012]
Direção: Helena Ignez
Gênero: Ficção
Prêmios: Festival Internacional de Cinema de Locarno, Festivais de San Diego e Santa Bárbara (EUA), menção honrosa no Festival Amazonas Filme 2010, direção e melhor filme pelo público, e no Cine Esquema Novo 2011.

Olho nu [2012]
Direção: Joel Pizzini
Gênero: Documentário
Prêmios: 45º Festival de Brasília do Cinema Brasileiro: Troféu Candango – Conferido pelo Centro de Pesquisadores do Cinema Brasileiro para o filme que melhor utilizar material de pesquisa cinematográfica brasileira.

Yorimatã [2014]
Direção: Rafael Saar
Gênero: Documentário

Ralé [2015]
Direção e roteiro: Helena Ignez
Gênero: Ficção

Lampião da esquina [2016]
Direção: Lívia Perez
Gênero: Documentário

Não devore meu coração [2017]
Direção: Felipe Bragança
Gênero: Ficção

OUTROS PROJETOS

direção, iluminação e figurino

SHOWS

RPM | Rádio Pirata ao Vivo [1986]
direção e iluminação

Cazuza | O Tempo Não Pára [1988]
direção e iluminação

Simone | Sou Eu [1992]
direção, iluminação e direção de figurino

6º Prêmio Sharp | Homenagem a Angela Maria & Cauby Peixoto [1992]
direção

7º Prêmio Sharp | Homenagem a Gilberto Gil [1993]
direção

Nana Caymmi | Bolero [1993]
iluminação

Chico Buarque | Paratodos [1994]
direção

10º Prêmio Sharp | Homenagem a Rita Lee [1997]
direção

Chico Buarque | As cidades [1999]
direção

Simone | Fica Comigo Esta Noite [2000]
direção e cenário

Nelson Gonçalves [2000]
iluminação

Amélia Rabello | Todas as Canções [2002]
direção

Chitãozinho e Xororó | Festa do Interior [2002]
direção, concepção, cenário, roteiro e iluminação

Ana Cañas | Volta [2012]
direção e iluminação

Mart'nália | Não Tente Compreender [2012]
iluminação

Cia. de Dança do Palácio das Artes (CDPA) | Entre o Céu e as Serras [2015]
iluminação

Laila Garin | Laira Garin e a Roda [2017]

Laila Garin | Rabisco [2017]
direção de DVD

PEÇAS

O coronel de Macambira [1966]
aderecista

Ladies na madrugada [1973]
produtor

As cinco pontas de uma estrela [1992]
direção

O mistério do amor (A vida de Cristo) [1990] | direção Camila Amado
iluminação

Somos irmãs [1998]
direção [com Cininha de Paula]
iluminação [com Enôr Fonseca]

Entre os céus e a terra (Companhia de Dança de Minas Gerais) [2000]
iluminação [com Juarez Farinon]

Vozes de Ouro, Um espetáculo da Era do Rádio [2005]
supervisão artística

Dentro da noite [2011]
direção

Fundação Osvaldo Cruz | Projeto de Manguinhos, RJ [1995]
iluminação

EXPOSIÇÃO

Cápsula do Tempo: Identidade e Ruptura no Vestir de Ney Matogrosso |
Senac, 2013.
Com curadoria de Milton Cunha, o Senac/SP foi responsável pela restauração e exposição de 220 itens de toda a carreira, entre chapéus, sapatos, coletes e saias, além de objetos originais, como colares e adereços usados em shows e apresentações históricas.

Ney Matogrosso – A Primordial Revolutionary | Casa do Brasil – Atenas – Grécia, 2018
Artista plástica: Alkistis Michaelidou | Curador: Megakles Rogakos
Exposição 18.04 a 25.05.18

BIBLIOGRAFIA E FONTES CONSULTADAS

BIBLIOGRAFIA

LIVROS

ABREU, Caio Fernando. *A vida gritando nos cantos: crônicas inéditas em livro* (1986-1996). Rio de Janeiro: Nova Fronteira, 2012.

ALBIN, Ricardo Cravo. *Dicionário Houaiss ilustrado música popular brasileira*. Criação e Supervisão Geral Ricardo Cravo Albin. Rio de Janeiro: Rio de Janeiro: Instituto Antônio Houaiss, Instituto Cultural Cravo Albin e Editora Paracatu, 2006.

ALBIN, Ricardo Cravo. *O livro de ouro da MPB*. Rio de Janeiro: Ediouro, 2004.

AMARAL, Euclides. *Alguns aspectos da MPB*. Rio de Janeiro: Edição do Autor, 2008. 2ª ed. Esteio Editora, 2010. 3ª ed. EAS Editora, 2014.

ANDRESEN, Sophia de Mello Breyner. Org. Eucanaã Ferraz. *Coral e outros poemas*. São Paulo: Companhia das Letras, 2018.

ARAP, Fauzi. *Mare Nostrum*. São Paulo: Editora Senac, 1998.

ARAÚJO, Lucinha; ECHEVERRIA, Regina. *Cazuza: só as mães são felizes*. São Paulo: Editora Globo, 1996.

ARAÚJO, Paulo César de. *Eu não sou cachorro não: música popular cafona e ditadura militar*. Rio de Janeiro: Civilização Brasileira, 1980.

BAHIA, Sérgio Gaia, *Ney Matogrosso: ator da canção*. 2ª ed. Rio de Janeiro: Editora Multifoco, 2009.

BAHIANA, Ana Maria. *Nada será como antes: MPB dos anos 70*. Rio de Janeiro: Civilização Brasileira, 1980.

_____. *Almanaque anos 70: lembranças e curiosidades de uma época muito doida*. Rio de Janeiro: Ediouro, 2006.

BASUALDO, Carlos. *Tropicália: uma revolução na cultura brasileira*. São Paulo: Cosac & Naify, 2007.

BESSA, Marcelo Secron. *Os perigosos: autobiografias & AIDS*. Rio de Janeiro: Aeroplano Editora, 2002.

BLAKE, William. *O casamento do céu e do inferno e outros escritos*. Seleção, tradução e apresentação de Alberto Marsicano. Porto Alegre: L&PM Pocket, 2007.

CALABRE, Lia. *Era do rádio: descobrindo o Brasil*. Rio de Janeiro: Zahar, 2002.

CALADO, Carlos. *Tropicália: a história de uma revolução musical*. São Paulo: Editora 34, 1997.

CANEPPELE, Ismael. *A vida louca da MPB*. Rio de Janeiro: Editora Leya, 2016.

COELHO, Cláudio Novaes Pinto. *A contracultura: o outro lado da modernização autoritária*. In: Vários autores. Anos 70: trajetórias. São Paulo: Iluminuras/ Itaú Cultural, 2005, p. 39-44.

COHEN, Renato. *Performance como linguagem*. São Paulo: Perspectiva/Edusp, 1989.

CONRAD, Gerson. *Memórias de um ex-Secos & Molhados*. São Paulo: Editora Anadarco, 2013.

DIAS, Lucy. *Anos 70: enquanto corria a barca – anos de chumbo, piração e amor. Uma reportagem subjetiva*. São Paulo: Editora Senac, 2003.

FAOUR, Rodrigo. *História sexual da MPB: a evolução do amor e do sexo na canção brasileira*. 4ª ed. Rio de Janeiro-São Paulo: Record, 2011.

FERNANDES, Rofran. *Teatro Ruth Escobar: 20 anos de resistência*. Prefácio Sábato Magaldi. São Paulo: Global, 1985.

FERREIRA, Jerusa Pires. *Armadilhas da memória e outros ensaios*. Cotia: Ateliê Editorial, 2003.

FONTELES, Bené. *Ney Matogrosso: ousar ser*. São Paulo: Sesc São Paulo / Imprensa Oficial SP, 2002.

GASPARI, Elio. HOLLANDA, Heloisa Buarque. VENTURA, Zuenir. *70/80 Cultura em trânsito: da repressão à abertura*. Rio de Janeiro: Aeroplano, 2000.

GAVIN, Charles. *Secos & Molhados, 1973*. Rio de Janeiro: Imã Editorial, 2017.

GREEN, James N. *Revolucionário e gay: a vida extraordinária de Herbert Daniel*. Rio de Janeiro: Civilização Brasileira, 2018.

HOLLANDA, Heloísa Buarque. *Impressões de viagem: CPC, Vanguarda e Desbunde*. Rio de Janeiro: Aeroplano, 2004.

HUXLEY, Aldous. *As portas da percepção (The Doors of Perception)*. São Paulo: Editora Globo, 2002.

JANOTTI JR., Jeder. *Música massiva e gêneros musicais: produção e consumo da canção na mídia*. Comunicação, mídia e consumo. Vol. 3, n. 7. São Paulo: ESPM, 2006, p. 31-47.

LEE, Rita. *Rita Lee: uma autobiografia*. São Paulo: Editora Globo, 2016.

LUZ, Pedro. *Carta psiconáutica*. Rio de Janeiro: Dantes, 2015.

MACIEL, Luiz Carlos: *Geração em transe: memórias do tempo do tropicalismo*. Nova Fronteira: Rio de Janeiro, 1996.

MELLO, Zuza Homem de. *A era dos festivais: uma parábola*. São Paulo: Editora 34, 2003.

MORARI, Antonio Carlos. *Secos & Molhados*. Rio de Janeiro: Nórdica, 1974. Versão digital disponível em: < http://www2.uol.com.br/neymatogrosso/livrosm/livro05.htm> Acesso: 12 de janeiro de. 2013.

MOREIRA, Paulo; MACRAE, Edward. *Eu venho de longe: Mestre Irineu e seus companheiros*. Salvador: EDUFBA; ABESUP; São Luís: EDUFMA, 2011.

MOREIRA, Ricardo. *Secos e Molhados: grande discoteca brasileira*. Rio de Janeiro, Editora Moderna, 2010.

NAVA, Pedro. *Baú de ossos*. São Paulo: Companhia das Letras, 2012.

NETO, Torquato. Org. Italo Moriconi. *Torquato Neto: essencial*. Rio de Janeiro: Autêntica, 2017.

NOBILE, Lucas. *Raphael Rabello: O violão em erupção*. São Paulo: Editora 34.

PAVIS, Patrice. *Dicionário de teatro*. 2ª ed. São Paulo: Editora Perspectiva, 2003.

PINHEIRO, Manu. *Cale-se: A MPB e a ditadura militar*. Rio de Janeiro: Livros Ilimitados, 2011.

ROSA, Guimarães. *Grande Sertão: Veredas*. Rio de Janeiro: Nova Fronteira, 2017.

RISÉRIO, Antonio. "Duas ou três coisas sobre a contracultura no Brasil". In: Vários autores. *Anos 70: trajetórias*. São Paulo: Iluminuras/ Itaú Cultural, 2005, p. 25-30.

SANTIAGO, Silviano. *Crescendo durante a guerra numa província ultramarina*. Rio de Janeiro: Francisco Alves, 1988.

TREVISAN, João Silvério. *Devassos no paraíso*. São Paulo: Maz Limonad, 1986.

VAZ, Denise. *Ney Matogrosso: um cara meio estranho*. Rio de Janeiro: Rio Fundo Ed., 1992.

VELOSO, Caetano. *Verdade tropical*. São Paulo: Companhia das Letras, 1997.

ZAPPA, Regina. *Chico Buarque: para todos*. Rio de Janeiro: Relume Dumará, 1999.

SOUZA, Tarik de. *O som nosso de cada dia*. Porto Alegre: L&PM, 1983.

ZUMTHOR, Paul. *Performance, recepção e leitura*. 2ª ed. São Paulo: Cosac & Naify, 2007.

ARTIGOS, DISSERTAÇÕES E TESES

ALBUQUERQUE, Célio (Org). *1973: O ano que reinventou a MPB*. Rio de Janeiro: Sonora Editora, 2013.

BAIA, Silvano Fernandes. *A historiografia da música popular no Brasil (1971-1999)*. Tese (doutoramento) Universidade de São Paulo. Faculdade de Filosofia, Letras e Ciências Humanas. São Paulo, 2010. Disponível em: < http://www.teses.usp.br/teses/disponiveis/8/8138/tde-14022011-115953/pt-br.php>. Acesso em 17 set. 2017.

QUEIROZ. Flávia de Araújo. *Ney Matogrosso: sentimento contramão, transgressão e autonomia artística*. 2004. 169 p. Dissertação (mestrado em Sociologia), Universidade Federal do Ceará, 2009.

QUEIROZ, Flávio de Araújo. *Secos & Molhados: transgressão, contravenção*. 2004. 169p. Dissertação (mestrado em Sociologia), Universidade Federal do Ceará, Fortaleza, 2004.

SEVERIANO, Jairo. *Uma história da música popular brasileira: das origens à modernidade*. 2ª ed. São Paulo: Editora 34, 2009.

SILVA, Robson Pereira. *Para além do bustiê: performance da contra violência na obra* Bandido *(1976-1977) de Ney Matogrosso*. Universidade Federal de Goiás, 2016.

SILVA, Robson Pereira. *Performance e cenicidadade audiovisual: diante da recepção em Ney Matogrosso por meio do álbum* Mato Grosso, *de 1982*. In: XXVII Simpósio Nacional de História, 2013, Natal (RN). Caderno de Resumos, Sessão dos Graduandos, 2013. p. 45-46.

SILVA, Robson Pereira. *Performance: para além dos palcos Em Ney Matogrosso: Diálogos Com Os Mecanismos Constitutivos Do Seu Fazer Artístico, Por Meio Da Mídia No Início Da Década De 1980*. In: II Seminário Regional de Humanidades Diálogos & Relações de Poder, 2013, Rondonópolis.

SILVA, Robson Pereira da. *"Um verme passeia na lua cheia": Performance e cenicidade audiovisual em Ney Matogrosso na construção de um fazer artístico na década de 1970*. Revista Trilhas da História. Três Lagoas, v. 3, n. 5 jul-dez, 2013. p.138-156.

SILVA, Vinicius Rangel Bertho da. *O doce & o amargo do Secos & Molhados: poesia, estética e política na música popular brasileira*. 455f. Dissertação (mestrado em Letras) Universidade Federal Fluminense. Niterói, 2007.

SILVA. Vitória Angela Serdeira Honorato. *A performance de Ney Matogrosso. Inovação na canção midiática em dois momentos*. Universidade Municipal de São Caetano do Sul/Comunicação, 2013.

VAZ, Denise Pires. *Ney Matogrosso: um cara meio estranho*. Rio de Janeiro: Rio Fundo Editora, 1992.

FONTES | IMPRESSOS E ON-LINE

JORNAIS

A Luta Democrática
Cena Brasileira
Correio Braziliense
Correio da Manhã
Correio do Sul
Diário da Tarde
Diário da Noite
Diário do Nordeste
Diário de Pernambuco
Diário do Paraná
Diário de São Paulo
Expansão MG
Folha de S. Paulo
Gazeta de Varginha

International Magazine
Jornal da Tarde
O Dia
O Estado de São Paulo
O Globo
O Povo
Opinião
O Popular
Jornal do Brasil
Tribuna da Imprensa
Tribuna de Minas
Última Hora
Zero Hora

REVISTAS

A Cigarra
Amiga
Cash Box
Cruzeiro
Discos
Época
Hit Pop

Manchete
Pop
Rolling Stones
Senhor
Sétimo Céu
Veja
Visão

SITES

Biblioteca Nacional
Dicionário de Música Cravo Albim
Época
Folha de S. Paulo
G1 | blog Notas Musicais. Mauro Ferreira
Jornal do Brasil

O Estado de São Paulo
O Globo
piauí
Rolling Stones
Veja

SITE OFICIAL – NEY MATOGROSSO

http://www2.uol.com.br/neymatogrosso/

DEPOIMENTO

Os encontros para registrar o depoimento com Ney Matogrosso foram realizados no decorrer dos anos de 2017 e 2018, em sua residência no Rio de Janeiro.

CRÉDITO DAS IMAGENS

Um dos artistas mais fotografados do país, Ney Matogrosso tem suas imagens reproduzidas nos mais variados suportes, nos últimos 45 anos. Fizemos todo esforço para identificar veículos e fotógrafos detentores de direitos autorais, reiterando aqui que seus direitos estão reservados nessa edição.

Capa: Daryan Dornelles
Págs. 3 e 10: Thereza Eugênia
Págs. 16, 17, 21, 25, 26, 27, 40, 41, 44, 51, 52, 59, 104, 106, 118, 119, 157, 203, 215, 216, 219, 220: Acervo pessoal
Orelhas e pág. 56: Luiz Fernando Borges da Fonseca
Pág. 57: Ramon Nunes Mello
Págs. 62, 63, 70, 71, 72, 73, 78, 79 e 87: Fotografia Ary Brandi
Pág. 81: Lúcio Marreiro
Págs. 82 e 83: Mario Thompson
Págs. 84, 85 e 86: Antonio Carlos Rodrigues
Págs. 88, 89 e 90: Fotografia Ary Brandi
Pág. 92: Luiz Fernando Borges da Fonseca
Pág. 103: Foto Arquivo/ Agência O Globo
Pág. 107: Cristina Granato
Pág. 111: Imagem do filme *Ralé* (2015) – direção de Helena Ignez; imagem do filme *Luz nas trevas – A volta do Bandido da Luz Vermelha* (2010) – direção de Helena Ignez e Ícaro Martins.

Pág. 117: Alcyr Cavalcanti/ Agência O Globo
Págs. 120 e 121: Fotografia Ary Brandi
Págs. 122 e 123: Lúcio Marreiro/ Agência O Globo
Pág. 129: Sebastião Marinho/ Agência O Globo
Pág. 132: Cristina Granato
Págs. 138, 144 e 145 – Fotografia Ary Brandi
Pág. 170: Bob Wolfenson
Págs. 151, 196 e 197: Thereza Eugênia
Pág. 176: Letícia Pontual/ Agência O Globo
Pág. 187: Diego Ciarlariello
Págs. 180 e 181: Thereza Eugênia
Pág. 201: Felipe Cohen
Pág. 202: Henrique Oliveira
Págs. 204 e 205 : Cesar Dutra
Págs. 207, 212, 213, 216 e 217: Cristina Granato
Pág. 208: Still do filme *Cazuza, sonho de uma noite no Leblon*, de Sérgio Sanz e Marcelo Maia, com fotografia de Jacques Ceviche
Págs. 209 e 210: Bob Wolfenson
Pág. 211: Monica Imbuzeiro/ Agência O Globo
Pág. 214: Still da gravação feita pela Radio Télévision Suisse Romande (RTSR)
Págs. 218, 222 e 223: Thereza Eugênia
Pág. 221: Bob Wolfenson

TÍTULOS DOS CAPÍTULOS

1 SANGUE LATINO – Título da música de João Ricardo e Paulinho Mendonça, um dos maiores sucessos, gravada nos discos *Secos & Molhados* (1973), *Pecado* (1977), *...Pois É* (1983), *As Aparências Enganam* (1993), *Vinte e Cinco* (1996) e *Vivo* (1999).

2 VEREDA TROPICAL – Título da música de Gonzalo Curiel, gravada nos discos *Destino de Aventureiro* (1984), *À Flor da Pele* (1991) e *Vinte e Cinco* (1996).

3 DELÍRIO – Título da música de João Ricardo e João Apolinário, gravada no segundo disco do *Secos & Molhados* (1973).

4 INCLASSIFICÁVEIS – Título da música de Arnaldo Antunes gravada por Ney em 2008.

5 PRO DIA NASCER FELIZ – Título da música de Cazuza e Frejat, gravada em *...Pois É* (1983).

6 BALADA DO LOUCO – Título da música de Arnaldo Baptista e Rita Lee, gravada nos discos *Bugre* (1986), *À Flor da Pele* (1991), *Vinte e Cinco* (1996) e *Vivo* (1999).

7 ASTRONAUTA LÍRICO – Título da música de Vitor Ramil, gravada no álbum *Atento aos Sinais* (2014).

8 TUPI FUSÃO – Título da música de Vitor Pirralho, Dinho Zampier, Pedro Ivo Euzébio e André Meira, gravada no álbum *Atento aos Sinais* (2013).

9 ATÉ O FIM – Título da música de Chico Buarque, gravada no álbum *...Pois É* (1983).

BIO | RAMON NUNES MELLO

Ramon Nunes Mello (Araruama/RJ, 1984) é poeta, escritor, jornalista e ativista dos direitos humanos. Formado em Jornalismo e em Artes Dramáticas, é mestre em Literatura (Poesia brasileira) pela Universidade Federal do Rio de Janeiro (UFRJ). É autor dos livros de poemas *Vinis mofados* (2009); *Poemas tirados de notícias de jornal* (2011) e *Há um mar no fundo de cada sonho* (2016). Organizou, entre outras obras, *Tente entender o que tento dizer: poesia + hiv/aids* (2018), *Escolhas* (2009), uma autobiografia intelectual de Heloisa Buarque de Hollanda, com quem co-organizou *Enter, antologia digital* (2009). E em parceria com Marcio Debellian organizou *Maria Bethânia guerreira guerrilha* (2011), de Reynaldo Jardim. Integrou diversas antologias poéticas, entre elas, *Como se não houvesse amanhã: 20 contos inspirados em músicas da Legião Urbana* (2010), *Liberdade até agora* (2011), *Amar, verbo atemporal: 100 poemas de amor* (2012) e *É agora como nunca* (2017). Publicou seu primeiro livro infantil *A menina que queria ser árvore* (2018). É curador da obra dos poetas Rodrigo de Souza Leão (1965-2009) e Adalgisa Nery (1905-1980).

AGRADECIMENTOS | RAMON NUNES MELLO

A Ney Matogrosso, pelo carinho, amizade e confiança de realizarmos juntos este livro, e pelas inúmeras conversas inspiradoras.

A Wagner Alonge, companheiro de vida, ao lado em cada etapa com paciência e amor, fundamental para a realização deste livro. E aos gatos Silêncio e Mantra, pela companhia carinhosa.

A realização deste projeto só foi possível com a parceria de Isa Pessoa, editora do livro. A ela, meu agradecimento, e à equipe da Tordesilhas Livros, na pessoa de Antonio Cestaro.

A Amanda Araújo, pela transcrição das entrevistas. A Bernardo Carneiro Horta, por apresentar-me o conceito de "biografemas", ao escrever sobre Nise da Silveira.

A Guilherme Samora, pela gentileza no contato com Rita Lee, e à própria Rita, por todo carinho e generosidade.

Estendo minha gratidão a: Leona Cavalli, Ana Vitória Vieira Monteiro, Miriam Krenzinger, Nathalia K. Guindani, Manoel Madeira, Anita Mafra, Lídice Xavier, Marina Sartie, Marcio Debellian, Natasha Corbelino, Armando Babaioff, Sonia Viana, Leilane Neubarth, Luciane Heineck, Manoela Sawitzki, Rafael Saar, João Mario Linhares, Carolina Casarin, Eduardo Coelho, Eduardo Jardim, Antonio Cicero, Mauro Ferreira, Vinicius Bertho da Silva, Nelson Motta, Rodrigo Faour, Tarik de Souza, Joel Pizzini, Nedir Nunes Mello, Paulo Renato Pinto de Mello, Thyago Nunes de Mello, Juliana Carvalho e Paulo Renato Nunes de Mello, Maria Edith Nunes, Bernardo Dantas, Anelise Roosch, Andreia Carvalho, Emilia Silveira, Antonio Valentim, Maria Amelia Villaça, Marília Mello, José Carlos Domingos, Philippe Bandeira de Mello, Catarina Knoedt, João Antonio Fernandez Fernandez, Juarez Duarte Bonfim, Cecilia Maringoni e Maria José Motta Gouvea.

Dedico esse livro à memória de Heloisa Orosco Borges, a Luhli, por ter feito Ney Matogrosso enxergar o cantor que havia dentro dele, além nos ter ofertado canções tão belas.

Copyright © 2018 Tordesilhas
Copyright © 2018 Ney de Souza Pereira
Copyright © 2018 Ramon Nunes Mello

Todos os direitos reservados. Nenhuma parte desta edição pode ser utilizada ou reproduzida – em qualquer meio ou forma, seja mecânico ou eletrônico –, nem apropriada ou estocada em sistema de banco de dados, sem a expressa autorização da editora. O texto deste livro foi fixado conforme o acordo ortográfico vigente no Brasil desde 1º de janeiro de 2009.

EDIÇÃO Isa Pessoa
ORGANIZAÇÃO E PESQUISA Ramon Nunes Mello
CAPA E PROJETO GRÁFICO Amanda Cestaro
REVISÃO Nina Rizzo/Estúdio Sabiá e Francisco José Mendonça Couto
ASSISTENTE EDITORIAL Ana Clara Cornelio

1ª edição, 2018

Dados Internacionais de Catalogação na Publicação (CIP)
(Câmara Brasileira do Livro, SP, Brasil)

Matogrosso, Ney
 Vira-lata de raça / Ney Matogrosso ; Ramon Nunes Mello, pesquisa, interlocução e organização. – São Paulo : Tordesilhas, 2018.

Bibliografia.
ISBN 978-85-8419-083-6

1. Cantores - Brasil - Biografia 2. Compositores - Brasil - Biografia 3. Fotografia - História - Obras ilustradas 4. Matogrosso, Ney, 1941- 5. Matogrosso, Ney, 1941- Discografia 6. Memórias 7. Música - Brasil - Discografia I. Mello, Ramon Nunes. II. Título.II. Título.

18-20341　　　　　　　　　　　　　　　　CDD-770.981

Índices para catálogo sistemático:
1. Ney Matogrosso : Fotografias : História 770.981

Iolanda Rodrigues Biode - Bibliotecária - CRB-8/10014

2018
Tordesilhas é um selo da Alaúde Editorial Ltda.
Avenida Paulista, 1337, conjunto 11
01311-200 – São Paulo – SP
www.tordesilhaslivros.com.br

 /tordesilhas    /tordesilhaslivros   /etordesilhas

Este livro foi composto com as famílias tipográficas Garamond
Premier para os textos e Cactus para os títulos. O miolo foi impresso
sobre papéis pólen e couchê pela Ipsis Gráfica e Editora,
para a Tordesilhas Livros, em 2018.